内藤睦夫［著］

「指示」をやめれば、先生はうまくいく

明治図書

まえがき

初めて教員として赴任したのは、山あいの小さな小学校でした。退職したのは、一学年七学級ほどの結構大きな中学校でした。小学一年生から中学三年生までの担任、特別支援学級の担任を経験しました。振り返れば、三十八年間はアッという間でした。

初任のときに漠然と抱いた理想「みんなが仲良くできるクラスにしたい」「みんなが活躍する、力のつく授業をしたい」などは、ゴールがあるものではありません。そのときできることをあがきながらやってきた感じです。

もちろん、その願いに向かって情熱的に関わることで得られた手応えや楽しかった思い出はたくさんあります。しかし、仲良くすることを強要したり、やる気を出させるために挑発したり仕組んだりして、子どもたちに無理をさせたと思うことも多々あります。傷ついた子どももいただろうと申し訳なく思うことがあります。

中学校へ異動した頃は、問題行動で学校が荒れている時代でした。校内での喫煙、改造学生服、校内暴力、万引きなど、生徒指導が大変な頃でした。子どもたちの生活を安定させるために、管理的な指導、力の生徒指導を必要悪とする雰囲気もありました。そうした指導に違和感を持ちながらも、それに代わる有効な方法を知らない私は、中途半端に怒ったり誉めたりする指導で、子どもたちを混乱させていたと思います。

「自己流ではない何か」を学びたいと思った頃に、出会ったのが「育てるカウンセリング」や「育むコーチング」でした。アクティブラーニングに先進的に取り組む先生との出会いもありました。新しい学びを実践に活かすことで、子どもの思いや課題に寄り添った支援が少しずつできるようになることを感じました。その学びや実践を同僚の先生方に伝えることで、先生たちの子どもに対する眼差しや対応、授業が変化していくことも経験しました。

退職後は、スクールカウンセラーとして学校に関わることを選択しました。子どもたちや保護者のみなさんの相談はもちろん大切にしていますが、「先生のやりがいも苦しさも経験したカウンセラー」として、先生たちの役に立ちたいと考えたからです。

■先生たちの今

今先生たちが抱える課題は、私が経験してきた課題と共通するところもありますが、より複雑で難しくなっていると感じています。

先生たちがやらなければならない仕事は相変わらずたくさんあります。

より良い教育をしたいと献身的に取り組めば、終わりはありません。

新しい時代に対応した教育を取り入れることも求められます。

多様な価値や個に対応することは、簡単なことではありません。人間関係も複雑です。

そして、働き方改革も求められています。

先生たちは、本当に頑張っています。そして、疲れています。

■先生が「楽」になるためには何が必要なのか

根本的には、教育予算が増えること、教員が増えること、部活動指導が学校から切り離されることなどが必要だとは思いますが、それは今日明日で実現することではありません。その実現に向かって働きかけることは大事なことですが、一方で今日の先生が、①先生としてのやりがいを感じ、②新しい時代の教育にも対応しながら、③楽になり、楽しくなることが、とても大事なことだと考えています。

この本は、この三つを実現するために、「指示・命令を手放すこと」を提案しています。指示・命令に代表される「コントロール」を手放すことで、結果より過程を大切にして、子どもの主体性と対話力を信じて任せ、先生も子どもも楽に自由になることを提案している本です。

全てを一気に変えることは難しいのですが、「コントロールを手放す」感覚をつかむことで、目の前の子どもとの関係が楽になります。

良い結果を出そうと無理をしないで、長い目で子どもの成長を支援しようという立場に立つことができます

先生の Well-being につながることを願っています。

2024年8月

内藤　睦夫

もくじ

「指示しない」ための選択肢

Chapter 3

場面でわかる「指示しない」技術

Chapter 1

「指示」をやめれば、楽になる

1 指示・命令がつくりだす苦しさ

「指示」を繰り返すことの苦しさ

学校では、指示することは、当たり前に行われています。「席に着きなさい」に始まって、「教科書を出しなさい」「静かにしなさい」と先生たちは次々に指示を出しています。一日の日課に従って授業や行動を切り替える必要があるのですから、当然と言えば当然です。

一回の指示で全ての子どもたちが動いてくれれば苦労はないのですが、そうでないことの方が多いのではないでしょうか。

二回目の指示でも動いてくれないときや、毎日同じ指示を繰り返さなければならないとき、イライラした気持ちが湧いてきませんか。次の予定があって気持ちが急いているときには、恐い顔をしたり、語気を強めたりするかもしれません。それでも指示に従わない子どもがいたときは、大きな声で命令をすることや怒鳴りつけることがあるかもしれません。

その結果、教室に緊張感が生まれたり、子どもとの関係がギクシャクしたりすることがあります。


私はスクールカウンセラーとして、悩んでいる子どもとの面談をしています。そうした子どもから、こんな相談を受けることがあります。


「先生が、あれをやれ、これをやれとしつこく言うのが嫌だ」

「指示に従わないあの子もいけないけど、大きな声で怒られているのを見ると可哀想」

「誰かが怒られていると、私が怒られているような気持ちになって苦しい」


先生は、子どもたちを怖がらせようとして強い指示を出しているわけではありません。

きちんと行動できる人になって欲しい、時間になったら行動を切り替えられる大人になって欲しいという願いを持って、強い指示を出し、命令をしています。

その思いを理解して行動してくれる子どもは一定数いますが、強い指示に従えない子どももいます。

従わない子どもがいけないのでしょうか。
指示・命令を出す先生がいけないのでしょうか。
このズレはどこから来ているのでしょう。

「良いクラス」を目指すことの苦しさ

先生が指示をするのは、「良いクラスをつくりたい」「ちゃんとした大人に育って欲しい」という願いがあるからです。その願いは先生の愛情や使命感から来るものであり、否定されるものではありません。

しかし、この**「良いクラス」のイメージが先生を苦しめ、子どもを苦しめている**ときがあると感じています。一般的に言われている「良いクラス」のイメージの例を挙げてみます。

・授業が始まったら、みんなが席に着いて、良い姿勢で静かにできるクラス
・授業中は、先生の話をしっかり聞いていて、発問には手を挙げて答えられるクラス
・先生の指示に素直に従って、サッと行動できるクラス

「私のクラスはそういうクラスになっていますよ」という先生もいると思いますが、「いろいろ頑張っているのですが、現実はなかなか厳しいです」という先生が多いのではないでしょうか。全体的な傾向としては、学級づくりに苦労されている先生は増えていると思います。

苦労している先生のお話を伺うと、発達障害の子どもや二次障害を起こしている子ども、愛着の問題を抱えている子どもが増えていることを話題にする先生もいます。

ある先生は、こんな気持ちを正直に、申し訳なさそうに話してくれました。

「Aさんは、何回言ってもわかってくれません。こんなことを言っちゃいけないことはわかっているのですが、正直に言わせてもらうと、『Aさんはうちのクラスには、いらない……』。Aさんがいるから、Bさんが悪い影響を受けています。クラスのルールが

壊されています。こんなことを言う自分は力のない教師かもしれません……子どものことをそんなふうに見てしまう自身が嫌です。でも、本音です。」

この先生は、生まれながらの発達障害を持っている子どもが集団に適応しにくいのはその子どものせいではないことも、二次障害を起こしている子どもは不適切な指導に苦しんできた被害者的な子どもであることも理解しています。だから、そうした子どもを「良いクラスづくりにとって迷惑な存在」と見てしまう自分を責めています。

先生はすでに、いろいろな努力をされています。優しく指示する。厳しく指示する。怒ってみせる。説得する。誉める。

それでも、うまくいかないから悩んでいます。

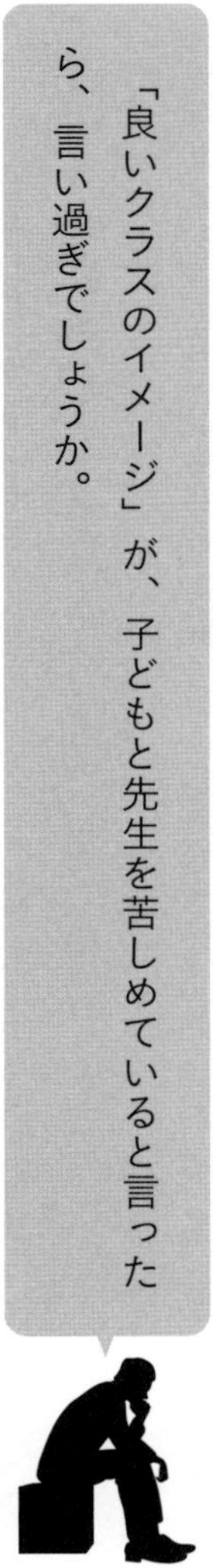
「良いクラスのイメージ」が、子どもと先生を苦しめていると言ったら、言い過ぎでしょうか。

「良いクラス」とは何か

先ほど「良いクラス」の一例として「授業が始まったら、みんな席に着いて、良い姿勢で静かにできるクラス」を挙げました。こういうクラスは本当に「良いクラス」なのでしょうか。

少なくとも、こういうクラスは先生にとって授業のやりやすいクラスです。集中して勉強をしたいと思っている子どもにとっても良いクラスです。同僚の先生や保護者からも「先生のクラス、みんな落ち着いていて良いクラスだね」と言われると思います。

そういう意味では「良いクラス」ですし、そういうクラスにしたいと思うのは当然です。

ただ、一見同じように見える「みんな席に着いて、静かにできるクラス」でも、**そうなるまでの過程には大きな違いがあり、子どもの育ち方にも違いができています。**

大きく三つのタイプに分けてみました。

Aタイプ　先生の強い指導力で引っ張り、子どもたちがそれに従っているクラス

指導力は、統率力、管理力とも言えます。信頼している子どももいるでしょうが、無理して従っている子どももいるかもしれません。

Bタイプ　先生の人間力と計画的な指導で、子どもたちがその気になって取り組んでいるクラス

子どもたちに人気があって、指導が子どもの心に届いています。私たちのクラスは良いクラスだと子どもたちも誇りに感じているかもしれません。

Cタイプ　先生が子どもたちの対話を支援して、子どもたちが課題を解決しながらルールや学級文化をつくってきたクラス

Aのやり方で「良いクラス」を目指すと、指示・命令・誉める・叱るなどが増えます。一昔前ならば素直に従ったり、耐えてくれたりする子どもが多かったと思いますが、厳しさに疲れて不適応を生みやすいタイプです。

Bのやり方ができる先生はとても魅力的な先生です。担任として「良いクラスをつくったなぁ」という満足感もあると思います。しかし、担任が替わるとクラスの雰囲気が大きく変わる可能性があります。「前の先生は良かったのに……」という不満が起きるかもしれません。

Cタイプのクラスを目指す指導とA・Bタイプを目指す指導の違いは、**「良いクラス」をつくることを目的にしていない**ところにあります。

「良いクラス」を目的にしないと言うとおかしな感じもしますが、「先生の指示に従って、整然とみんなが同じ行動をとるクラス」を「良いクラス」とは考えないということです。

Cの指導の目的は、主体的、対話的に子どもたちがクラスの課題を解決していく過程を積み上げていくことです。その積み重ねによって「良いクラス」が出現してきます。

そういうクラスづくりを始める第一歩が**「指示を手放す」**ことになります。

2 苦しさを手放す最善の方法

「指示を手放す」と言いましたが、指示することの全てがダメだということではありません。

たとえば、「授業を始めます。席に着きなさい」は、**行動を促すための指示**です。このように何かを始めるために行動を促す指示は必要な指示かもしれません。

しかし、行動を促すことが目的ならば、指示ではなく、情報を伝えるというやり方もあります。

「授業を始めます。席に着く時間です」とか、「授業開始1分前、着席タイムです」でもよいかもしれません。

もちろん、こう言い換えたら、席に着かない子どもが席に着くようになるということではありません。指示であろうが、指示でない言い方であろうが、席に着く子どもは席に着きます。そして、席に着かない子どもは席に着きません。

どちらの伝え方も選択できるのに、私たちは当たり前のように指示を選択しています。

一回目の指示で動かない子どもがいたとき、二回目の指示は強い指示になります。それでも従わない子どもがいたときには、「席に着け！」と命令します。

指示・命令を繰り返すほどに、怒りの気持ちが湧いてくるのはなぜでしょう。

それはたぶん、指示を繰り返す私たちの中に、**「子どもを従わせたい＝コントロールしたい」という無意識の欲望**があるからだと思います。

「私は正しい。子どもは間違っている」という判断もあるかもしれません。

「大人は、子どもをコントロールできる」とどこかで信じ込んでいます。

先生の役割

先生には「教師＝ティーチャー」という役割があります。ティーチャーは「教える人」です。

教える人は、正しいことを知っている人です。そして正しく判断ができる人です。そして正しく指示・命令ができる人です。日本の先生はこの役割をずっと担ってきました。社会がそれを期待していましたし、子どもたちは素直に従ってきました。

しかし、先生がこの役割を担うことは難しい時代になっています。

変動性・不確実性・複雑性・不透明性が高い状態＝ＶＵＣＡな時代になっています。解決しなければならない課題は山積みですが、誰も正しい答えを持っていません。これまでうまくいっていたやり方は通用しなくなっています。

知識の量と、知識や情報を取り出す速さにおいて、人はＡＩにかないません。科学技術の進歩は目覚ましく、新しい情報にあふれています。

先生が正しさを担うことは困難な時代になっています。

時代の変化に応じて、先生の役割も書き換えられる必要があります。

ティーチャーからコーチへ

ティーチャーとして、教え導くことを行おうとしたときに、指示や命令が始まります。指示・命令は、子どもはコントロールできるという思い込みから生まれています。

指示・命令を手放すということは、指示・命令を我慢するということではありません。我慢しようとしても、ティーチャーでいる限り「正しく行動させたい」という思いが湧いてきて、指示・命令を手放すことはできません。

子どもをコントロールしたいという思い込みを手放すためには、**ティーチャーという役割そのものを手放す**ことも必要になります。

「教育」という言葉は、「教」と「育」に分けることができます。

「教」は、教え導くことであり、ティーチャーの役割になります。

「育」は、育むことであり、コーチの役割になります。

教育の場面では教えることも大事なことですから、「教え導く」ティーチャーという役割と、「育む」というコーチの役割のバランスをとっていくことが大事になります。

ティーチャーの役割を2〜3割にして、
コーチの役割を7〜8割にすると考えたらどうでしょうか。

「楽」がつくりだす主体性と対話力

「子どもはコントロールできる」という信じ込みから、子どもを良く育てよう、良いクラスをつくろうとして、指示・命令をすることで、子どもたちも先生たちも苦しんでいます。

「子どもはコントロールできない」と思った方が、先生は「楽」になります。無理して、従わせる必要がないからです。

子どもに限らず、人は指示・命令、コントロールされることを好みません。あれをしなさい、これをしなさいと言われると、やる気がなくなるのは誰もが経験していることではないでしょうか。人は自分が本当にやりたいときに、主体的に動き出します。

■「主体的に取り組め」が主体性を奪う

「もっと主体的に取り組みなさい」と言われても、主体的に取り組むようにはなりません。

■「対話させる」が、対話嫌いを育てる

「対話する力は生きる力です。黙っていないで、対話をしなさい」

「そこのグループ、周りはもう始めているよ。早く話し合いを始めなさい」

そう指示することで、対話力を高めることはできません。むしろ、そうやって追い込まれることで嫌な気持ちになり、対話的な学習はしたくないと思うようになります。

「楽」になる方法は、**「人はコントロールできない存在である」ことを、腹に据える**ことです。コントロールできない存在ですから、指示・命令をすることにあまり意味はありません。

先生は、指示・命令をしないのですから、「子どもが従ってくれない」とか「言うことを聞いてくれない」とかで悩むことはありません。

子どもは、指示・命令をされないのですから、うるさいウザいと、いらつくことはありません。

コーチングを学び始めた頃、指導やコントロールを手放したら、子どもはまともに育たないのではないかと不安に思ったことがあります。私の中に「子どもは教え導かなければ正しく育たない、怠ける方向へ進んでしまう」というティーチャー魂が、染みこんでいたからだと振り返っています。

今でも、やる気も能力もないように見える子どもを目の前にすると、やっぱり厳しく指導することが必要なのかと揺らぐこともあります。しかし、その子も赤ちゃんの頃は、自分から立ち上がろう、歩き出そうとしていたはずです。いつのころからか、指示・命令され、やりたくないことを強要され、できないと怒られて、自信を失い、無気力になってきたのかもしれません。

そんな状態の子どもには、指示・命令や説得ではなく、傾聴と質問と承認で関わるコーチングが必要です。

信じて関わってくれる存在が、子どもの主体性や対話力を引き出します。肩の力が抜けた「楽」な関わりが、子どもの自由で自然なやる気と能力を引き出します。

その方が、先生にとっても、子どもにとっても、楽しい学校をつくりだすことにつながります。

「人には元々、より良く育ちたいという思いがある」
「人は、それぞれに自分の人生を切り開いていく能力がある」
そう信じて、関わるのがコーチです。

現行の学習指導要領では「主体的・対話的で深い学び」（アクティブラーニング）を通し

て、「生きて働く知識・技能」や「未知の状況にも対応できる思考力・判断力・表現力」、「学びを人生や社会に生かそうとする学びに向かう力・人間性等」を育成・涵養すると説明しています。

大切なポイントは、「主体的・対話的な学び」という学習過程を重視しているところです。

子どもたちが「主体的に、対話的に学ぶ」のであって、教師が「主体的に、対話的に学ばせる」ことではありません。

コントロールをやめることが、主体的・対話的な子どもを育むことになります。

「楽」で「楽しく」そして、子どもの主体性や対話力を育むことができる方法、それが「指示＝コントロール」を手放すことです。

Chapter 2

「指示しない」ために必要なこと

「子どもはコントロールできる」という思い込み

指示を手放すためには、まず指示をしたくなっている自分に気づくことが大事になります。というのは、**「子どもはコントロールできる」という思い込みが自分の中にあることは、ほとんど意識されていない**からです。思い込みがあるかないかなど気づかないくらい、そう思い込んでいるとも言えます。たとえば、

「あの子を本気にさせるために、どうすればよいのでしょう」

という質問を受けることがあります。

「こんなに一生懸命やっているのに、あの子は全くわかってくれない」

と嘆く先生もいます。

「何度も言っているのに、どうしてできるようにならないのだ」

と無力さを語る保護者もいます。

子どものために一生懸命関わっているからこそ生まれてくる言葉ですから、否定されるものではありませんが、どこかで「子どもはコントロールできる」と思い込んでいる現れとも言えます。「自分が何かをすれば、相手を本気にさせることができる」「自分が一生懸命関われば、子どもはわかってくれる」「何度も言えば、できるようになる」そんな、信じ込みの裏返しが、嘆きや怒りの原因になっています。

これは学校の中のことだけではありません。家庭でも会社でも、人間関係があるところでは、普通に当たり前に起きていることです。

「子どもをコントロールしたくなる」のはどうしてでしょう。

1 子どもをコントロールしたくなる原因

先生のこだわりや信じ込み

「やればできる」

先生になった人は、子どもの頃から集団に適応できた人が多いのではないでしょうか。先生の言うことを素直に受け止めて、頑張れた人だと思います。もちろん苦しいことも辛いこともあったでしょうが、我慢したり、人一倍努力したりして、乗り越えてくる力があったから、先生になれているのだと思います。テストでいい点を取ったり、部活動で活躍したり、児童会・生徒会活動の役員もこなしてきたかもしれません。多少苦手なことがあっても、自己効力感を保ってこられたと思います。

その過程で獲得してきた信念は、「やればできる」「素直な人は伸びる」など前向きなものが多いと思います。とても大切な信念ですが、努力できない人や素直になれない人を前にすると、もどかしさや苛立ちを感じやすいとも言えます。

指示された通りにできない子どもは、サボっている・怠けている子どもに見えてしまいます。「やればできるのだから、頑張ればいい」という助言・指導をしたくなるかもしれません。

やろうと思ってもできない子どもがいます。そもそもやろうという気持ちも湧いてこない子どももいます。そういう子どもに「やらせる・頑張らせる」ことはとても難しいことです。

先生はなめられてはいけない

厳しい指導をすることで一部の生徒から苦手意識を持たれていた先生と面談をしたことがあります。その先生がこんな話をしてくれました。

「新卒だったとき、先輩の先生から『子どもになめられたらおしまい。クラスをまとめるコツは、ビシッとやること。友だちのような親しい関係も少しはあってもいいが、先生はやはり近寄りがたい恐い存在であることが大事だ』とアドバイスをもらいました。

その言葉が胸に落ちて、今も大切にしています。ただ……最近、それでいいのかとも考えています」

「なめられてはいけない」とはどういうことでしょうか。

先生には、学級や授業の秩序を保つための役割があります。たとえば、ルールを決めたり守らせたりする力です。**このとき求められる力は、「権威」でしょうか、「権力」でしょうか。**

権力と捉えたなら、先生には**子どもを支配する物理的な力、上位にいることを示す力**が必要になります。物理的な力の代表は暴力ですが、体罰・暴言は許されないことですから、これを使うことはできません。正論を主張して反論をさせないことや、立場や権限を強調して反発を抑え込むことなどは、権力を守るための手段として使えます。

「なめられてはいけない」の意味が、権力を守ることだとするならば、先生には鎧と武器が必要になります。

権威と捉えたら、**子どもから信頼され尊重されること**が大事になります。信頼があるから、子どもは学級の秩序を保つための役割を任せてくれます。「信頼してくれ」と頼んでも信頼はしてくれません。「私を尊重しなさい」と命令をしても尊重してくれません。できることは、先生が子どもを信頼し尊重することだけです。子どもを尊重してくれる先生だから、信頼して、クラスの秩序を守る役割を認め与えてくれます。

「なめられてはいけない」の意味は、子どもとの信頼を積み上げるために、誠実に言動を一致させることだと思います。

真理のように言われていること

特に疑うこともなく受け入れている格言のような言葉があります。**どこで誰が言ったのかわからなくても、なんとなく納得できて「真理」のように受け取られている言葉**です。たとえば「物事を途中でやめさせると、やめる癖がつく」というようなものです。

面談の中で、ある保護者がこんなことを話してくれました。

「子どもは野球部に入っています。最近、もうやめたいと言い出しました。顧問の先生に相談したら、『途中でやめさせると、弱い人間になります。苦しいことから逃げたくなるのが人間です。苦しくても最後まで頑張らせる。それが大事です。今やめさせたら、次に何か始めてもきっとすぐにあきらめる人間になるでしょう』と言われました」

顧問の先生の情熱を感じます。野球を通して強い心を育てるという使命感も感じます。しかし、この一見真理に思える「やめさせると、やめる癖がつく」は本当に真理でしょうか。

確かに、小さい頃から一つのことをずっと続けたことで、大きく成長し成功した人がいることは事実です。しかしそこには、いくつもの条件があったと思います。

・その競技に適した身体・能力・センスなどがあった。

・結果を出すことで認められて、さらに自信が持てた。
・その競技を続けるための周りからの支援・応援があった。
・なによりも、本人がやりたかった。続けたかった。負けん気があった。

こうした様々な条件が揃っていたから、継続して取り組み、成長できたはずです。ただ続けさせたら人間的にも強くなるだろうというのは幻想かもしれません。

真理かどうかわからない「真理」を根拠にして「やめさせない」というコントロールをすることで、様々な結果が生まれます。

・続けさせられたことで上達したり、頑張れたりして自信が生まれるかもしれません。
・続けさせてくれた顧問や親に感謝の気持ちが生まれるかもしれません。
・やめさせてくれない相手への憎しみや恨みが生まれるかもしれません。
・やめたくてもやめさせてもらえない現実に空しさや絶望感が生まれるかもしれません。

プラスの結果が出るのかマイナスの結果が出るのかわからないのに、「真理」を根拠にコントロールをすることの危うさを感じます。

「やめてはダメだ」と言われていてもやめる子どもはいます。その子が「監督が言うように、途中でやめた自分は、弱い人間だ。苦しさから逃げた自分はこれからも同じように逃げて生きていくに違いない」という信じ込みを持ってしまったとしたら、それは大人がつくりだした悲劇です。

続けて欲しいという願いを伝えることはあってもいいのですが、もし最後にやめることを本人が選んだならば、「君は『やめる』という自分の道を自分で選択した。その力は必ずこれからの人生で活かされる」と言ってもらえたら、その子は前向きに生きることができるでしょう。

一見真理に思えるような格言、名言はいろいろあります。そして、**それを根拠にコントロールが行われ、先生も子どもも親も苦しんでいる**ことがあるように感じています。

2 「みんな仲良く」がつくりだすもの

子どもをコントロールしたくなる原因

みんなで決めたのだから

学級目標を決めることがあります。子どもたちに「こんなクラスにしたい」という願いを挙げてもらい、出て来た言葉を取捨選択したり組み合わせたりして、完成させることが多いと思います。教室の前や後ろに大きく掲示されていることがあります。

「なかよく　たのしく　げんきな　一くみ」
「心を一つに、頑張る。笑顔！」
「我らの5G　我慢、頑張り、学問、合唱、ゴール」

ありそうなものを適当につくってみました。実際の学級目標は、子どもたちが話し合って決めた目標ですから、お飾りにしないで大切にして欲しいと思います。

しかし一方で、こうした目標が、子ども同士の同調圧力を高めたり、先生のコントロール魂に火をつけたりすることがあります。

C 先生、Aちゃんはみんなといっしょに遊びません。

こう教えてくれるのは大体クラスのリーダー的な子どもです。

T Aさん、クラスの目標は『みんな仲良く』ですよ。一人ぼっちでいないで、誘ってくれるお友だちがいるのだから、一緒に遊びなさい。

一人でいる子は寂しい子であり、みんなと遊べる子が元気な良い子であるという基準がクラスにできることは、多様な個の存在を認めない雰囲気をつくりだす可能性があります。一人でいることは孤独なことで、支援の対象なのでしょうか。みんなが遊んでいるのを眺めて楽しんでいるのかもしれませんし、そうしていたいときなのかもしれません。

「みんなと遊びたいと思っているけど……遊べない自分が悲しいです」という思いが本人から出てきたときに寄り添って考えることができればいいのです。

最近は学級目標を決めない先生もいるようです。もしかしたら、掲示されるだけの目標に価値を感じなくてつくらないのかもしれません。あるいは、目標自体が多様な個の生き辛さをつくる可能性があると考えているのかもしれません。

異質なものは気になる

一から十の数字のうち九つが漢数字で一つだけがアラビア数字で書かれていたら、「あれ、どうしてこれだけアラビア数字？」と不思議に思います。

十二支のうち十一個はイラストで書かれているのに、辰だけ「ＴＡＴＳＵ」と書いてあったら、「何か変」と思うでしょう。

人は異質なものを素早く見つける力を持っています。そして、その異質なものは気になって、他と同じになるように修正したくなる気持ちが湧いてきます。クラスの中に他の子どもと違った行動をとる子どもがいると、どうしても気になります。そして、みんなと同じ行動がとれるように指導したくなります。

指導したくなっている自分に気づいて、指導するかしないかを選択することが大事になります。

「少し変わっている程度のことは許せるけど、みんなに迷惑をかけることは認めることができない」という先生もいるでしょう。

「迷惑をかける」ということはどういうことでしょうか。

・みんなが静かに聞いているのに、おしゃべりを始める。
・みんなリコーダーを持ってきているのに、忘れてくる。

確かに、一生懸命説明しているときにおしゃべりをされたら迷惑です。みんな忘れ物をしないように努力しているのに、忘れ物をしてくる子は迷惑と言えば迷惑です。ただ、迷惑だと感じているのは先生だけかもしれません。むしろそのことを先生が問題に取り上げなかったら、子どもたちにはたいした迷惑にはならないのかもしれません。

クラスの中には、どうしてもみんなと同じようにはできない子どもはいます。本当はみんなと同じようにやりたいけど、やれない子どももいます。みんなと同じことができるようにしてあげたいという気持ちは否定されませんが、指導を繰り返すことで様々な問題を生む可能性があります。

・異質なものは認めないというルールが学級の中につくられるかもしれません。
・先生が注意している姿をお手本にして、注意してくれる「良い子」が出てくるかもしれません。
・先生や友だちから注意を受け続けると、自分をダメな人間と思うようになるかもしれません。

・異質である行動をわざとすることで自分の存在を示そうとするようになるかもしれません。

「迷惑をかける行動」とは何かをはっきりさせることが大事になります。

そして、「行動をやめさせるために注意する」というコントロールを手放して、他の方法を見つけ出すことが大事になります。

3 先生も外からの力に動かされている

子どもをコントロールしたくなる原因

先生が指示・命令・注意・叱責をしたくなるのは、先生自らがそうしたくてしているように見えますが、実は先生自身が外からの力によって動かされている場合もあります。

他の先生からのアドバイス

「先生のクラスは落ち着かないクラスだね。隣の先生のクラスはみんなちゃんと座って先生の話を聞いているよ。どんな指導をしているか、見せてもらったり、教えてもらったりするといいよ」

同僚の先生も管理職の先生も、その先生を責めるつもりでアドバイスをしたわけではないと思いますが、他のクラスと比較されたのですから、なんとかしなきゃと考えます。

これまでは、「ノビノビとした良いクラスだなぁ」と許していた子どもの言動に対しても「静かにしなさい」「ちゃんとやりなさい」という指示・命令をするかもしれません。自分でも落ち着きがないクラスだと思っていた場合には、どうして私には子どもをまとめる力がないのだろう、先生に向いていないのかなぁと思うかもしれません。それでも、騒がしいクラスの状態はなんとかしなければなりません。さらに強い注意、指示、叱責をすることで、状況は悪化するかもしれません。

書店に行けば、学級経営や生徒指導のヒントをもらえる本がたくさんあります。先生たちが学び合う研修会もあります。是非、自分を追い詰めないで欲しいと思います。

しかし、先生たちは多忙です。新しい効果的な方法が見つからないままに、子どもの前に立つと、言いたくもない指示・命令をしてしまうかもしれません。

先生が**「子どもをコントロールするようにコントロールされている」**のかもしれません。

決まりは守らせたくなる

学校には様々な決まりがあります。服装の決まり、時間の決まり、持ち物の決まり、行動の決まり……。行き過ぎた校則を見直す動きはありますし、あまりにも不合理な校則はなくなってきたと思います。

それでも、学校にはまだたくさんの決まりがあります。その中には、落ち着いた集団生活を過ごすために必要なことだからと先生たちが残している決まりもあります。たとえば、「全校集会などで体育館へ集まるときは、クラスごとに並んで静かに入場する」というような決まりです。この決まりの是非について今回は触れませんが、この決まりは比較的多くの学校にある決まりではないでしょうか。

決まりは評価につながりやすいものです。入退場が静かにできるクラスは良いクラスであり、良いクラスにできる先生は指導力のある先生であるという評価です。

学校によっては、生徒指導の先生が全校の前に立って、「三年生はとても静かに入場ができた。さすがだ。しかし二年生は相変わらずしゃべりながら入場するクラスがある。来年の学校が心配だ」と話すことがあります。二年生の自覚と奮起を促したいという意図があると思いますが、二学年の先生方はもっと指導をしようと考えます。二学年の中でもうるさかったクラスの先生は申し訳なく感じます。全校集会のあと、二年生だけ残って緊急学年集会を持つこともあります。

理不尽な校則ばかりではないと思うのですが、**決まりがあればそれを守らせることが求められますし、守らせたくなるもの**です。

こうした決まりを児童会や生徒会に下ろして、子どもたちが「入退場をちゃんとやりましょう」と呼びかける仕組みをつくっている学校もあると思います。先生たちがやらせるのではなく、子どもたちと一緒に学校の決まりをつくり守っていくというのは素敵なことだとは思います。ただ、中には先生が指導すると摩擦が起きやすいので、児童会や生徒会の役員に代行してもらっていると感じられる場合もあります。

もし、子どもと一緒にルールをつくりだすことを本気で実践するならば、「入退場はおしゃべりしながらバラバラでもいい。クラスごとに整列しなくてもいい。集会が始まったら、集中しよう」という意見も受け入れる構えが先生の側にあることが大事になると思います。

4

子どもをコントロールしたくなる原因

先生にも感情がある

ちょっと気に入らない子ども

先生は、どの子も同じように大切にしたいと考えています。そして、実際そうしていると思います。

しかし、先生にも感情があります。「好き・嫌い」と言い切ることは憚られるわけですが、「合う・合わない」や「気に入る・気に入らない」「許せる・許せない」というような言い方は先生たちの会話にも出てきます。

こうして先生同士が本音で話すことは、先生の気持ちを軽くするために必要なことです。愚痴を言って気持ちをクリアにして、子どもの前に立つときは、感情に支配されない状態をつくれるからです。

しかし、感情は理性を吹き飛ばすくらいのパワーを持っています。普段から「この子のこういう面が気に入らない」「この子のこういう言動が許せない」と感じている場合は、実際にその場面に出会うと怒りの感情が湧いてきます。その怒りは「わからせてやる、正してやる」という行動につながります。

先生が気に入らないと感じている子どもは、同じようにその先生のことを気に入らないと感じていることがあります。そういう子どもは先生の「正してやる」という行動に抵抗する可能性があります。聞こえないふりをしたり、不満そうな顔をしたり、時には反抗したりすることもあります。

子どもがそんな行動をとれば、怒りの感情は高まり、子どもをさらに強い方法でコントロールすることになります。**怒りの感情の奥には「子どもはコントロールできる存在である」という信じ込みがある**と思います。

お気に入りの子ども

自分とはどこか合わないと感じる子どももいますが、なんとなく合うと感じる子どももいるでしょう。多くの先生はそう感じていても、その子だけをえこひいきしてやろうとは考えませんし、そうならないように気をつけていると思います。

なんとなく合う子どもにも様々なタイプがありますが、どちらかというと素直に従ってくれる子どもや、先生の提案に乗ってリーダーとして頑張ってくれる子どもが多いのではないでしょうか。

「〇〇さんが頑張ってくれているから、良いクラスができているよ。ありがとう」という言葉は自然な言葉ですし、認められた子どもにとって嬉しく、やる気の湧いてくる言葉かもしれません。

しかし、気をつけたいことは、**先生が合うと感じている子どもが、同じように合うと感じてくれているかはわからない**ということです。素直な子どもは先生に合わせてくれている可能性もあります。先生の評価を気にして、リーダーとして無理をしている可能性もあります。そういうことも頭のどこかに置いておかないと、より多くを期待して子どもに負荷をかけることになります。

そして、その期待に応えてくれないことが起きると、今度はその子どもに裏切られたような気持ちになったり、責めたくなったりすることもあるでしょう。

職員室で、ある先生がこんなことを話していました。

「私の授業をAさんは、本当に熱心に聞いてくれていたし、質問も発言もしてくれていた。いい子だなぁと思っていたから、丁寧に教えてやっていた。ところが、前期試験に合格した次の日の授業で、居眠りをしていた。がっかりした。前期で合格した人たちは、後期試験に臨む友だちの邪魔にならないように今まで以上にやれと、あれだけ言ってきたのに……」

素直で真面目でクラスのリーダーとして活躍してきた子どもが、ある日突然学校へ来なくなってしまうことがあります。理由ははっきりとしないことが多いようですが、良い子でいることに疲れてしまうのかもしれません。

お気に入りだからこそ、さらに良い子でいるように無意識にコントロールしている可能性があると気づくことが大事だと思います。

5 子どもをコントロールしたくなる原因

理想的な授業

一斉教授型の授業

先生にとって「授業は命」、そんなふうに言われるほど、授業は大切です。そして、多くの先生がこんな授業をやりたいという理想の姿を持っていると思います。楽しい授業、活発な授業、けじめのある授業、深まる授業、力がつく授業、一人ひとりが活躍する授業、みんなで考え合う授業……そんな授業にするために、教材研究をして、学習プリントを用意して、授業展開を考えて、先生たちは授業に臨みます。

しかし、納得できる授業ができることは、それほど多くはありません。

授業の質以前のところで躓くこともあります。チャイムが鳴っても席に着けない。授業開始の挨拶がそろわない。話し始めても静かにならない。発問したけれど答えが返ってこない。実験道具を勝手に触りだす。パソコンで授業に関係ないサイトを見ている。特定の子どもだけが発言している。

理想的な授業のイメージが、**今の子どもたちの実態に合っていないこれからの時代を生きる力を育むことと一致していない**可能性があります。

先ほど挙げた「こんな授業にしたい」というイメージは、先生が教室の前に立ち、指示を出して、それに子どもたちが従い、乗ってくるという授業を前提に描いているように感じます。先生が教える人として前に立ち、授業を仕切っていく一斉教授型授業スタイルの中で実現しようとする理想は、すでに限界が来ています。

だからこそ、「主体的・対話的で深い学び」「個別最適な学びと協働的な学び」などが示されているのです。

ところが、一斉教授型授業のスタイルは変えることなく、「主体的に取り組ませる」「対話的に学ばせる」という**「させる活動」**が行われているように感じています。

あるいは「主体的・対話的な学習」は、総合的な学習や探究的な学習で行い、普段の授業はこれまで通りでやりましょうという割り切った雰囲気を感じることもあります。

「主体的に取り組ませるために、ペア学習で対話をさせた」という文を指導案で見たことがありますが、違和感があります。「○○をさせるために△△をさせる」という発想では、子どもの主体性は育たないと思います。

一斉指導ができることは先生に必要な力です。しかし、そうした授業ができる先生には、**一斉授業の質を向上させる方向だけでなく、本物のアクティブラーニング型授業を探究し実践する方向**に学校全体をリードして欲しいと思います。

先生は教えたい

先生には得意とする教科があります。小学校の先生はほとんどの教科を受け持っていますが、大学生のときには専門の教科を学んだと思います。その教科が得意だった、好きだったなどの動機があって、その教科を選択したと思います。

自分が得意なこと、知っていることは教えたくなるものです。知識だけではなく、背景や関連なども伝えたくなります。技術的なことも丁寧に教えたくなります。

専門性の高い先生は、子どもから一目置かれます。難しいことをわかりやすく教えてくれる先生は子どもに喜ばれます。「教える方が速い」「教える方が正確」「教える方が、力がつく」と言い切る先生は、たぶん専門性も高く教え方も上手な先生です。

しかし、その**上手に教えたいという思いが、一斉授業をやめられない背景にあり、主体的・対話的な学習に転換できない原因にもなっている**可能性があります。

上手にやらせる技術

子どもに上手に何かをやらせる技術は昔から開発されてきましたし、今も新しいやり方が開発されています。絵を生き生きと描かせる指導方法、作文を上手に書かせる指導方法などです。そうした技術を学ぶことはとても役に立ちます。

何かをさせる技術を持たないで、ただ「生き生きとした顔の絵を描きなさい」と指示しても、子どもは何をどうしていいのかわからないので、画用紙の隅にお人形さんのような絵を描いてしまうことがあります。描いてしまってからだめ出しをされるより、ちゃんとした指導方法に基づいて教えてもらった方が子どもの満足度も高くなります。廊下へ掲示してもバラツキがなく、見栄えがよくなります。

指導法を学び続ける先生の前向きな姿勢が現れている掲示物のようにも感じます。

しかし、「させる」という指導である限り、そこには弊害もあるように感じています。「生き生きとした人物を描かせるために、○○式という方法で描かせる」という**目標と方法にコントロールが生じています。**


小学校学習指導要領（平成29年告示）解説の図画工作、三・四年生の「知識及び技能」の目標は、「対象や事象を捉える造形的な視点について自分の感覚や行為を通して分かるとともに、手や体全体を十分に働かせ材料や用具を使い、表し方などを工夫して、創造的につくったり表したりすることができるようにする。」となっています。

もちろん、一人ひとりの子どもがやりたいことに対応して準備することや支援することの大変さもありますので、気楽なことは言えません。しかし、目標は**ある一定のやり方を学ぶことではなく、子どもが描きたい物事を、好きな材料や用具を使って、自由に創造することです。**

描く対象は、自分でも、友だちでも、お母さんでも、猫でも犬でもよいということです。

そして材料は、墨でも、絵の具でも、貼り絵でも、立体でもよいということです。描き方の方法の一つを学ぶことで、描くことに自信を持ったり、表現のコツをつかんだりすることをねらいにして、指導をすることは大事なことです。

しかし、たとえ効果的な方法であっても、特定の方法で「させる」ことは、「生きる力」を育むことにはつながりにくいことも理解しておきたいことです。

子どもをコントロールしたくなる原因

6 子どもの側にある要因

子どもの側に問題があるということではありません。**先生が子どもをコントロールしたくなる原因に、様々な子どもの事情がある**ということです。

発達障害

多くの学校で発達障害を理解する研修が行われ、その理解はかなり進んでいると思います。子どもを理解する上で私が大切に考えていることを挙げます。

■原因はわからない

脳の神経伝達物質の異常や、脳の構造や機能障害などが言われていますが、本当のところはよくわかっていません。いずれにしても、不適切と思われる言動がある子どもがいても、それは本人がわざとやっているわけではないということです。

つまり、本人が努力すればなんとかなるということではありません。さらに、先生が指摘し注意をすれば治ることではありません。

■個人差が大きい

自閉スペクトラム症（ASD）、注意欠如多動症（ADHD）、学習障害（LD）などが代表的な障害ですが、現れ方や程度にはかなり個人差があるということです。さらに、障害を重複して持っている子どももいて、個によって違いが大きいということです。

つまり、診断名がついているからといって、それがその子どもの特性を全て言い表しているわけではありません。さらに、この障害にはこういう対応がよいと言われているやり方をやれば、全てうまくいくということではありません。

■診断は難しい、判断は危険

診断ができるのは医師だけですが、医師にとっても診断は難しいと言われています。ですから、学校の先生が「あの子は一人でずっと同じ遊びをやっているから、ASDだね」と判断してはいけません。

「一人で同じ遊びをやっていることが多い子どもである」と子どもを観察して理解することは大事なことですが、そのことを診断名と結びつけることはしません。ラベルを貼ってしまうことが、子どもを理解する目を曇らせる可能性があります。もしかすると、ラベル付けの正しさを裏付ける証拠集めをしてしまうかもしれません。

現場にとって大事なことは、ラベルを貼ることではなく、**ただその子どもを理解し、その理解に基づいて個に応じた適切な支援を見つけようとすること**です。

■グレーの子ども

「あの子、グレーだよね」という言い方があります。「グレー」は、「診断は出ていないけれど、その傾向がありそう」という意味で使われていると思います。この場合も、「明らかに発達障害だよね」と決めつけるのではなく、その傾向が感じられるときは、丁寧に観察して、配慮した対応をしていくことが大事だと思います。というのは、「席に着かずに動き回る子ども」でも、そうなる原因はいろいろ考えられるからです。

・ただ落ち着きのない子

・注意を繰り返す先生が嫌いでわざとやっている子
・先生の言っていることが十分に理解できなくてイライラしている子
・先生に注目して欲しい子
・多動であることを不適切に指導され続けて二次障害を起こしている子
・身体に何らかの原因がある子
・愛着の形成になんらかの問題を抱えている子
・虐待を受けている子
・発達障害の可能性のある子

「発達障害の可能性」は可能性の一つでしかありません。

発達障害の診断があるなしにかかわらず、多動、不注意、集団生活が苦手、こだわりが強い、字を書くのが苦手など、他の子どもと同じようにできない子どもが一定数います。そうした子どもが一斉指導を難しくしているのは事実です。先生たちは頑張っていますが、思うようにならないことで、イライラして強い指導をしてしまうことも理解できます。

しかし、そのように指導しても子どもは健やかに成長してくれません。私たちができることは、私たち自身の見方や対応を変えることです。

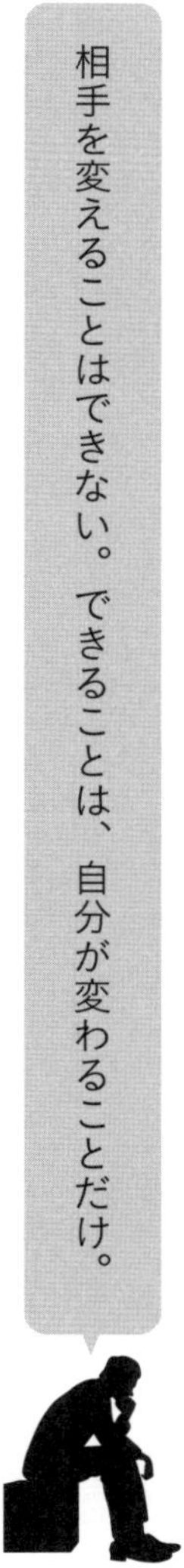
相手を変えることはできない。できることは、自分が変わることだけ。

子どもをコントロールしようとやりがちなこと

1 指示から命令へ

「○○してください」「○○をやめてください」と子どもに何らかの行動を促すときに指示が使われます。「聞いてください」「読んでください」「書いてください」「考えてください」「答えてください」「始めてください」「終わりにしてください」など、授業の中でも頻繁に使われています。

最初に出す指示は、穏やかに冷静に言うことができます。多くの子どもたちは、最初の指示で行動を始めたり切り替えたりするでしょう。しかし、その指示に従うことができない子どもたちは一定数います。学級によっては、何人もの子どもたちが従わないことがあるかもしれません。

そんなとき、二回目に出す指示は、少し強い指示になります。表情がきつくなり、声が大きくなります。それでも、指示が通らない子どもがいたときに、指示は命令になります。命令は、相手を自分の管理下に置きたいという思いから生まれます。先生の命令に従うことは当然のことであり、指示・命令の中身は「正しいこと」だと考えているからです。

「席に着いてください」が「席に着きなさい」になり、さらに「席に着け」と言葉が変化するということだけではありません。

言葉には、言語・準言語・非言語の要素があります。

「席に着いてください」は文字だけで見ると、丁寧な言葉に受け取れます。しかし、言葉は変えなくても、ここに声の大きい・小さい、低い・高い、速い・遅いなどの準言語の要素を入れると、凄みのある命令にすることができます。さらに、にらむ、近寄る、指を指すなどの非言語を加えることでさらに強力な命令にすることもできます。

子どもを従わせたいという強い思いがこうした、準言語や非言語を駆使した命令になることがあります。

命令は、大声を出して怒鳴り上げるという恫喝につながることもあります。

子どもをコントロールしようとやりがちなこと

2 脅す

相手をコントロールする方法に脅すという方法もあります。

先生が子どもを脅してやろうと思って脅すことは普通ありませんが、指示・命令を繰り返しても従わない子どもに対して、やってしまうこともあります。私の指示に従わないと、あなたにとって「悪い結果が起きるから、やりなさい・やめなさい」という言い方で使われます。

・評価が下がるから
・友だちに嫌われるから
・休み時間がなくなるから
・お母さんに伝えるから

別に脅しているわけではないという先生もいると思います。子どもは結果を深く考えないで、場当たり的に生きていることがあるので、行動が招くよくない結果を教えることで気づかせてやりたいという考えです。

確かに、「悪い結果につながりそうなこの行動をやめておこう」と理解する子どもに対しては、効果があるかもしれません。

しかし、指示に従いたくない子どもは、「別にいいよ」と開き直るかもしれません。「やれるものならやってみろ」と反抗する子どももいるかもしれません。

脅しが通用しなかったときには、また別の方法が用いられることになります。

「今の行動を続けているとよくない結果が起きる」ということは理解しても、すぐに行動を変えることができない子どももいます。特性のある子どもの中には「自分の意志ではコントロールできない自分」について悩んでいる子どもがいます。脅しは、そうした子どもに対して、将来への不安を大きくさせる可能性があります。今の自分もダメだけど、未来の自分もダメだろうという不安を抱かせる関わりは適切な関わりとは言えません。

3 否定する

子どもをコントロールする方法に、「否定する」という方法があります。「君の考え方や行動は間違っている」と指摘して、正しい方向へ導こうとする方法です。

「間違えていることを間違えている」と教えることは大切なことであり、むしろ教えてもらっていない子どもの方が心配だという意見があります。最近の子どもは、何が正しくて何がいけないことなのかを教えられていないから、自分勝手でわがままな人間が育っているという意見もあります。それが事実かどうかはわかりませんが、「間違えていることを間違えている」と教えることは大事だと思います。

しかし、**「間違いは間違いと教えること」と「否定すること」は少し違います。**

「間違いは間違いだと教える」

授業中におしゃべりをしている子どもがいます。先生は説明しにくいし、集中して聞きたい子どもにとっては迷惑です。その場において適切ではない行動ですから、間違えていると教えることは大事です。教えるためには、理由を伝えることが大事です。

「先生が話しにくくなるから、おしゃべりはやめよう」
「集中して聞いている友だちに迷惑がかかるから、おしゃべりはやめよう」

これでおしゃべりをやめる子どももいるでしょう。その子どもは、自分がおしゃべりをしていたことに気づかないでいた可能性もあります。気づかせてもらえば止められる子どもです。

しかし、しばらくはやめるけれども、またしゃべり始める子どももいるかもしれません。やめない子どももいるかもしれません。

結果はいろいろでしょうが、間違った行動であることを教えました。教えたのですから、この後は多少話しにくくても、一生懸命聞いてくれている多くの子どもたちに意識を集中させて話すことができれば、それでよしとしたらどうでしょうか。

いや、それでは不十分だ。間違った行動をやめさせなければ、教えたことにならないという考え方は当然あるでしょう。行動を変えさせることはなかなか難しいことだと思うのですが、さらに「おしゃべりはダメ」と行動を否定してから「静かに聴いて」と指示することはできます。否定的に伝えるよりも、肯定的に伝える方がよいとも言われていますから、「口を閉じる。静かに聴いて」の方がよいのかもしれません。

それでもやめられない子どもがいるかもしれません。そのとき使われやすいのが、やってはいけない否定である**人格や存在を否定するやり方**です。

人格や存在を否定する

「君は、何回言っても理解できない人だね」
「うるさい人だね、授業に邪魔だね」

我が子が傷つけられたと訴えてきた保護者がいました。先生は「私は傷つけてなんかいません。ただ、おしゃべりはダメですと指導をしただけです」と説明しました。「おしゃべりはダメです」だけであれば、行動を否定しているだけですから存在の否定にはなりませんが、指導の中でつい「おしゃべりする子は邪魔です」と言ってしまったとすれば、それは存在の否定につながると言われてもしかたないでしょう。実際にどういう表現がされたのか録音があるわけではありませんし、子どもがどう聞き取ったかもわかりません。両者の言い分は平行線のままでした。

「おしゃべりをやめなかった子どもが悪い。迷惑をかけられているのは周りの子どもたち。悪いことを悪いと教えることも許されないのか。こういう親がいるから、ますます子どもが悪くなっていく」と言った先生の気持ちもわかります。

あらためて、**「間違いを間違いとして教えること」**と**「間違えている人を間違えている人として否定すること」**の区別をすることが大切だと思います。否定を用いて、子どもをコントロールしようとすることの危うさを感じます。

4 論破する

子どもをコントロールしようとやりがちなこと

子どもがやっている不適切な行動をやめさせるために、その行動を否定的に指摘することはあります。そのとき、「先生、ありがとうございます。先生の指摘で間違いに気づきました。行動を改めます」と素直に受け止めてくれる子どももいるでしょう。しかし、否定的に指摘されることを受け止めにくい子どもや不満を持つ子どももいます。時には、反論をしてくる子どもがいるかもしれません。

「今、私が話していたのは、先生の話の意味がわからなかったので、隣の人に聞いていただけです」

「隣の○○ちゃんが質問してきたから、私が説明してあげていただけです。授業に関係のあることを話していました」

こう言われたとき「ああ、そうだったんだ。で、わからないところは解決したかな」と返しておくこともできます。しかし、こうした子どもの反応を、言い訳や正当化と受け取ると、それを論破してやろうとする気持ちが湧いてきます。素直に間違いを認めることができない子どもには、正しさをわからせ、従わせることが大事だと感じるからです。

「たとえ、わからないことがあっても先生が話している途中で友だちに話しかけることはおかしい。先生が話し終わってから、手を挙げて質問をすればいい。そもそも、説明の途中でわからないことがあるのは当たり前で、最後まで聞いていれば理解できるはずだ。注意を受けておいて、自分の行動を反省することもなく、言い訳をするという態度が間違っている」

先生の言っていることは正しくても、受け取れない子どもは一定数いると思います。子どもによっては、嫌そうな顔をしたり、反抗的な態度を示したりすることがあるかもしれません。そうした場合、子どもがいかに間違えているのか、正しさはどちらにあるのか、素直さとは何かをより強く論じることとなります。

そして、反省させて、謝罪させるところまで進むこともあります。

子どもをコントロールしようとやりがちなこと

5 反省させる

子どもが悪いことをしたら、何が悪かったのかを理解させて、反省させて、相手がいた場合には謝罪させるという流れは、当たり前のことのように捉えられています。

特に、いじめや反社会的行動などは、きちんと指導しておかなければいけない、二度と起こさないように厳しく指導をしておかなければいけない、できるだけ早く対応しなければならないなどの思いが、「反省させる」の指導を強めます。

いじめはあってはならないことですから、きちんと対応することは大事です。しかし、「きちんと対応する」ことは、「反省しなさい、謝罪しなさい」と迫ることではありません。**「子どもが自らやったことを振り返り、反省して、謝罪したい気持ちになれるような支援」**と「理解させ、反省させ、謝罪させる指導」とは全く別のものと言えます。

時々読み返して示唆をいただいている『反省させると犯罪者になります』（岡本茂樹著、新潮新書、二〇一三）をお薦めします。

子どもをコントロールしようとやりがちなこと

6 見捨てるふりをする

子どもをコントロールしようとする方法は、強く出る方法だけではありません。「もういい。これ以上言わない」「勝手にしろ」「あきらめた」と子どもを見捨てたような言い方をする方法もあります。本心ではありません。そういう言い方をすることで、子どもに気づいて欲しい、正しい方向へ戻ってきて欲しいと思っています。

私が小学校二年生だったときの思い出です。大好きだった担任の先生が、授業中に突然「授業はここまで、自由に遊んでこい」と言いました。無邪気な子どもでしたから、ワァーと喜んで外に遊びに行きました。なんか変だなぁと思ったのはしばらく遊んでいても、あまりたくさんの友だちが出てこなかったからです。一緒に遊んでいた友だちと「おかしいね」「戻る?」とちょっと不安になって教室へ戻って行きました。教室に残っていた友だちと先生は授業をやっていました。

どういう流れでこうなったのかはわかりませんでしたが、なんとなく理解したのは、授業中うるさくて注意しても静かにならなかったので、先生が怒ってそう言ったらしい、先生が怒っていることを感じた友だちは遊びにいかなくて、私たちはただ喜んで遊びに行ってしまったということでした。「自由に遊んでこい」には裏があるということを学んだ思い出です（思い出にあるだけで、私はその先生のことがずっと好きでした）。

子どもを見捨ててコントロールする方法は、今でも使われています。

練習試合でのことでした。作戦通りに動かない選手、チームをまとめないキャプテンに対してかなり激しく指示を出し続けていた顧問の先生でしたが、その試合が終わった後「私は次の試合はベンチに入らない。自分たちでやれ」と控え室に入ってしまいました。冷やっとした選手たちは円陣を組み相談をしました。そして、みんなで控え室に行き、深く頭を下げて、自分たちができていなかったことへの反省と、やる気があること、ベンチへ入って欲しいことを伝えました。

子どもたちに勝つ喜びを味わわせてやりたいと情熱的に関わっている先生です。見捨てるふりをしていることは子どもたちも気づいています。それだけに、先生が求めている以上の本気の言葉と態度を示さないと先生が動かないことも知っています。

他には、嫌みを言う、軽蔑してみせる、無視するなども使われやすい方法です。先生は、子どもを傷つけようとしているわけではなく、間違いに気づいて欲しい、やる気を出して欲しいという願いを持っています。

それでも、**人をコントロールしようとする方法には危険が伴います。**

7 誉める

子どもをコントロールしようとやりがちなこと

誉めることは子どものやる気を引き出すために有効な方法だと言われています。一方で、誉めることばかりやっていると、子どもがつけあがってくるとか、怒られた経験がなくなり弱くなっていくという意見も聞きます。

「誉めて育てる」「叱って育てる」というこの考え方は両極のようでいて、実は同じ土俵の上にあるように感じています。子どもを大人の願う方向へコントロールするために、「誉めるという技術」を使うのか、「叱るという技術」を使うのかという発想になっていると感じます。

誉めてやる気にさせる。誉めて勝たせる。誉めて勉強に取り組ませる。
でも、誉めてもその気にならなかった。誉めても伸びなかった。

叱って現実に向き合わせる。叱って気づかせる。叱って本気にさせる。

でも、叱ったらもっとやる気がなくなった。叱ったら関係が悪くなった。

子どもをコントロールしようと、誉めるという技術を使っても、叱るという技術を使ってもうまくいかないのは、**人はコントロールできない生き物**だからです。

それでも、誉めたらうまくいくとか、叱ったらうまくいくとか、方法論に揺れるのは、それでうまく育ったという成功例が紹介されているからだと思います。

「誉めて育てる」の極意は、「誉めて育てよう」ではなく、ただその子どもが好きで、子どもが興味を持ってやっていることを応援したくて、成長が嬉しくて、一緒に考えたり、誉めたりをしていたら、自然と育っていったということだと考えます。

「みんなの前で誉められるのは苦痛です。誉めないで欲しい」と言う子どもに出会います。長所を認めて誉めること、誉めて自己肯定感を育むこと、好ましい言動を誉めることで良いモデルになってもらうことなど悪いことではありません。しかし、誉められることを受け入れる子どももいますが、抵抗を感じている子どもも確かにいます。

誉めることも叱ることも、子どもが成長するための大切な関わりです。だからこそ、**誉めること・叱ることを、子どもをコントロールするために使っていないだろうか、その結果で一喜一憂していないだろうか**ということを、いつも心に置いておきたいと考えます。

子どもをコントロールしようとやりがちなこと

8 コーチングのようなコミュニケーション

コーチングは、学校でも少しずつ取り入れられるようになってきたと思います。しかし、コーチングの定義にもいろいろあり、その評価にも賛否両論があるように感じています。

私は教育の現場にふさわしいコーチング、子どもの発達課題に寄り添って課題解決に役に立つコーチングはどうあったらよいかを考えています。同時に教育の場に適当でないコーチングもあるように感じています。いくつか挙げてみます。

・子どもをやる気にさせるコーチング
・試合に勝たせるコーチング
・反省させるコーチング

共通しているのは、**「コーチングというコミュニケーションの方法を使って、子どもに**

何かさせるという発想」のコーチングです。

ほとんどのコーチングでは、主に傾聴・質問・承認を使ってコミュニケーションをとりますが、この三つを、子どもを誘導し、コントロールして、大人の願う方向に向かわせるテクニックとして使うことも可能です。そうしたコーチングをあえて**「コーチングのようなコミュニケーション」**としておきます。

T 今回のテスト結果を見てどう思った？
C まずいなぁと思いました。
T そう、まずいなぁと思ったんだ。何がいけなかったのかな？
C 問題をちゃんと読まないで、解答しちゃったことです。
T そう、それは大事なことだね。自分でもわかっているね。
C はい。
T でも、もっと他にも大事なことがあるんじゃない？
C ええっと……。答えを書けなくて空欄にしてしまったことですか？
T そこだよ。どうして空欄のままにしたの？

C　途中まで書いたんです。でも、ちょっと違うかなぁって迷ってしまって……。
T　もったいないよね。これ配点はいくつ？
C　七点。
T　だよね。大きいよね。どうすればよかったと思う？
C　部分点でももらえるように、とにかく書けばよかった。
T　その通り。そのときそう思わなかったの？
C　思ったけど、時間がなくなってきて……。
T　時間か……、いつも問題解くのに時間がかかってるよね。
C　はい。
T　どうすればいいと思う？
C　もっと、問題をたくさん解いて、慣れていけばいいと思います。
T　いいね、いいね。そうだね、そのために何をすればいいの？
C　やっぱ、過去問をたくさん解くことですか？
T　過去問、大事だね。何時間やる？
C　一日二時間……。

T 二時間？　それで足りるの？

C ……三時間かなぁ。

T でしょう。君にはできる。きっとできるよ。「きっとできる！」って言ってごらん。

C きっと、できる。

T それじゃ、全然、気持ちがのってこないよ。もっと本気で声にしてごらん。

確かに、聞いて、質問して、承認しているコミュニケーションですが、**気づかせて、わからせて、言わせて、その気にさせる「コーチングのようなコミュニケーション」**になっています。子どもは先生が持っている正解に合わせて答えてくれているだけで、この子が本当に三時間勉強をしたいという意欲が湧いてきているか疑問です。

テストで一点でも多くとるためのコツやポイントを解説することはあってもいいことだとは思いますが、個人面談でそれをやっていてはもったいないと思います。個人面談は、その子どもが抱えている様々な課題に寄り添うことができるチャンスだと考えています。

そもそも、テスト結果を前にして子どもが悩んでいることは点数のことだけなのでしょうか。仮に点数のことだとしても、納得のいく点数をとれなかった背景にどんなことがあったのでしょうか。

・母親のこと、父親のこと、兄弟姉妹のこと
・友だちのこと、異性のこと
・先生のこと、顧問のこと
・健康上のこと
・部活のこと、塾のこと
・学ぶということ、生きるということ

先生が予想もつかないような何かを抱えているかもしれません。そのことを聴いて寄り添いながら、子ども自身が自分の中にある願いや課題や能力に気づいていくコミュニケーションこそが、教育の場で求められているコーチングだと考えています。

個人面談の時間は十分から十五分と短いかもしれませんから、本当は何に困っているのかを話してくれただけでも、十分に価値のある面談になると思います。

1 観察する

「指示しない」ための選択肢

慌ただしい日課の中で、授業や活動を展開しなければならない先生が、次々と指示を出し、指示に従えない子どもにはより強い指示や命令をしなければならなくなることはあることです。それは規律ある集団生活をつくりだすために必要なことかもしれません。子どもたちも、そうやって学校のスピードに慣れ、ルールを学ぶことで、集団生活に適応していくのかもしれません。

しかし、スピードについて行けない子ども、指示に反応できない子ども、ついて行かなければと無理をしている子どもはいます。

遅れる子ども、急ごうとしない子どもに対してできることは、**観察する**ことです。

「教科書を出してください」と指示をしたときに、教科書を出していない子どもがいたとします。

聞こえなかったのかもしれないし、耳では聞こえていても意識できていなかったのかもしれないので、「出していない人がいますね。教科書を出してください」という二回目の指示は有効かもしれません。

それでも、出さないときには、三回目の指示はやめて、観察することを選択します。授業を中断して、その子のところをジッと見るということではありません。これは、「出しなさい」という無言のプレッシャーをかけることになります。

ほとんどの子どもは教科書を出しているのですから、その子どもたちの顔を見ながらゆっくりと学習を進めます。ゆっくりと進めながら、出していない子どもの姿も視界の中においで観察します。**できている子どもに九割、できていない子どもに一割**、意識を振り分けます。

「その子を従わせなければという強い気持ち」ではなく、**「できている子どもたちと一緒に授業を進めようというおおらかな気持ち」**を選択する感じです。

目的は、①子ども理解のため、②承認のチャンスを見つけるため、の二つです。

子ども理解

子ども理解とは、観察しながら**「この子は何をしているのだろう」「この子の中には何があるのだろう」**と思いを巡らすことです。

・何か線を描いている　…何を描いているのだろう
・ボォーっとしている　…何があるのだろう
・イライラしている　…何かあったのかなぁ
・キョロキョロしている　…何を見ているのだろう

一分か二分、観察しながらおおらかに授業を進めるだけです。その観察から、どんな仮説が湧いてくるでしょう。

・グルグルと線を描いているけど、モヤモヤを表現しているのだろうか。ストレスがあるのかな？
・ボォーっとしているけど、睡眠不足？　体調が悪いのかな？
・イライラしているけど、朝お母さんと喧嘩してきた？

・キョロキョロしているけど、集中できない何か特性もあるのかなぁ？

あくまでも仮説ですから、本当のところはわかりませんが、少なくとも三回目の指示や命令、叱責によって従わせるよりも、子どもとの関係は穏やかに保たれます。子どもにとっても、先生にとっても楽で安全な選択になります。

承認する

観察しているうちに承認のチャンスがやってくるかもしれません。授業は九割の子どもを対象にゆっくりと進められています。できていない子どもは無視されているわけではありません。できていないことを指摘されて、ダメな子としてみんなに注目されることもありません。

子どもには自分から授業に戻っていく自由が与えられています。周りを見て、教科書を出す可能性はあります。もし、自分から教科書を出したならば、その子を見て、笑顔でうなずけばよいだけです。それが、「ちゃんと見ていたよ　自分で気づいたね　嬉しいよ」

という承認になります。

「〇〇さん、教科書出したね。偉かったねぇ」と声に出して、誉める必要はありません。

みんなの注目をそこに集めることは逆効果です。

もちろん、そうはならない場合もあります。三分、五分観察を続けても、ずっと何かをしている可能性はあります。そんなときは「今、教科書の何ページだよ」と近くへ行って、伝えることもできます。

そして、改めて、観察と子ども理解です。

その子ができない理由は、過去からの積み重ねがあって複雑なのかもしれません。

「指示しない」ための選択肢

2 質問する

観察しながら子どもに何が起きていたのかを理解しようとして、仮説のようなものを立てますが、それはあくまでも先生の解釈であり、一つの可能性でしかありません。本当のことは本人しか知りません。勝手に想像して対応するよりも、まず本人に聞いてみることは本人に寄り添うために大事なことです。それは、コントロールを手放す第一歩になります。

しかし、質問には子どもが正直に思いを語りやすい質問とそうではない質問があります。

子どもの抵抗を生みやすい質問

質問に似ているのですが、相手を責める気持ちやコントロールする気持ちが働いている質問が**「詰問」**です。

「なぜ出さなかったの？　なぜ？」というように問い詰めるとか、「出さなかったこと、いいと思っているの？」と問いただす感じの質問です。

「なぜ」「どうして」を使うと詰問になりやすいとか、「はい、いいえ」で答えるような閉じた質問は詰問になりやすいと言われます。スキルとして身につけておきたいことですが、**詰問になるかならないかは、質問する人が「正しい・正しくない」などの判断を持っているかどうかによります。**

「教科書を出さなかったことはダメでしょ」という判断を持って「なぜ、出さなかったの？」と尋ねることは、子どもが素直に自分の行動を振り返ることを邪魔します。

素直に本音を語りやすい質問

良い悪いなどの判断は一切なく、ただその子どもの内側を知りたくて行う質問は、子どもの抵抗を生みにくい質問です。

「教科書が出ていなかった理由は何だったの？」

「そのとき何を感じていたの？」

穏やかに柔らかく質問することは大事なことですが、それ以上に大事なことは、教科書が出ていなかったことに対して**良い悪い、正しい正しくないという判断を持たない状態で質問をする**ということです。判断が含まれていない質問は、子どもが自分の行動を振り返りやすい質問です。そして、自分の本音に気づきやすい質問です。子どもが口にした正直な答えは、先生にとって好ましくない答えかもしれません。

・算数は嫌いだから
・先生が嫌いだから

たとえ、好ましくない答えでも、その子の本音を聞くことができたことはその子の内側に触れたことになります。課題解決の糸口をつかめたことになります。

3 傾聴する

「指示しない」ための選択肢

子どもが言ったことを、一切の判断をしないでそのまま受け取ることは、なかなか難しいことです。しかし、その**判断をしないということが、コントロールをしない関わりをするためのベース**になります。

判断とは、「君が言っていることは、間違っている」「その考えは、正しくない」「それは、言い訳だ」「嘘を言っている」などです。こうした判断から「ごまかしは許さない、今正しい生き方を教えなければこの子どもは間違った道に進むに違いない」という思いが湧いてきます。

判断の速さと切り返す力は鋭い指導力と評価されることがあります。あの先生の前では嘘が通用しない、カミソリのような鋭い言葉が気づきを与えてくれたと子どもに一目置かれる先生です。そういう先生も魅力的ですが、それができるのは、先生の権威が認められ、多くの人が似たような価値観を持っている場合です。昔の学校にはその二つがあったかもしれません。

今の学校には多様な価値・文化・考え方を持つ子どもたちがいます。そして、先生に絶対的な力が与えられているわけではありません。

昔が良くて、今が悪いという話ではありません。価値観が多様化していることは良いことです。先生に専制的な力が与えられていないことは、主体的な子どもを育むために大事なことです。要は、**今の時代にふさわしい接し方が求められている**ということです。

余談になります。先生の的確な判断と強い指示、統率力が発揮される場面は、災害時です。「地震だ。頭を守れ」「避難する。後ろのドアから順番に出ろ」「歩け」「高いところ目指して走れ」と強い指示が必要です。いざというとき、この指示に従ってもらうために、日頃から信頼関係をつくることが大事になります。

教科書を出さなかったことについて質問をしたとき、子どもが「算数が嫌いだから」と言ったとします。正直に言ってくれたのですから、そのままを受け取ります。「そうか、算数が嫌いなんだね」と、何の判断もせずに受け取ったら、子どもはずいぶん楽になります。

しかし、判断が湧いてくると、言いたいことが次々に浮かんで来ます。「算数は大事だよ」「嫌いでも頑張ってやるとわかるようになるよ」「算数って本当は楽しいんだよ」と。こうした助言やアドバイスがダメということではありません。**助言やアドバイスをするならば、それはもう少し後**です。子どもが自分自身のことを振り返り、見つめることができてからです。

そのために、判断は脇に置いて、質問を続けます。

「算数、嫌いなんだね。いつ頃から嫌いになったの?」

「何があったの?」

そんな質問で返ってくる答えは、さらに「言い訳だ」「甘えている」「それじゃダメだ」と判断が湧いてくるものかもしれません。

それさえもしっかり傾聴して、また質問する。そして傾聴する。この繰り返しが、子どもの本当の意欲と力を引き出す「教育で使えるコーチング」につながります。

4 承認する

「指示しない」ための選択肢

子どもをコントロールするために使う「誉める」と、ただ「承認する」には違いがあります。それは**誉めた後に「次も頑張ろう」の意識があるかないか**ということです。

「教科書を出しているね。いいね。次もそうやろうね」には、「誉める」と「判断」「要望」がセットになっています。そう言いたくなる気持ちはわかりますが、要望はプレッシャーにもなります。

要望を期待として受け止めて励みにできる子どももいますが、励みにできるのは成功体験を積み上げてきた自信のある子どもではないでしょうか。失敗体験を積み上げてきた自信のない子どもには、受け取りにくいものです。

「今、ここで、起きていることを、ただ承認する」ということは、「教科書出しているね。嬉しいなぁ」と、心から言うことです。その言葉を聞いて「次も頑張ろう」と思うかどうかは子どもが決めることです。子どもがそう思うようになるかはわかりませんし、「そう思え」とコントロールすることはできません。できることは、ただ承認し続けることです。

なんの見返りも期待しない承認の積み重ねは、安全で安心な場をつくりだします。

「先生はいつも見てくれている。そして、できたときにはそのことに気づいて認めて、喜んでくれる」という気づきが、「次も頑張ろう」という子どもの思いを育む可能性があります。

5 子どもを信じる

「指示しない」ための選択肢

観察と質問・傾聴・承認で子どもに接することは理想論であって、それでは子どもは正しく育てられないと言う先生もいます。コントロールを手放して、指示することをやめてしまったら、子どもは自分勝手になるだろうし、楽な方へ逃げていくだろうと心配しています。

確かに、学校へ行かないで、夜遅くまでゲームをやり、動画を見ている子どもがいます。そういう子どもを見ていると、この子の将来はどうなってしまうのだろう、仕事にも就けないで、引きこもって不幸になるのではないかという不安が湧いてきます。何とかしてあげたいという思いから、登校させる、ゲームはやめさせる、生活リズムを整えさせるという指導をしたくなります。「登校することが正しい」「ゲームはしないことが正しい」「早寝早起きが正しい」という「正しさ」が、指導をすることの「正しさ」の証明になります。

しかし、不登校を選択している子どもにとって、この正しさで指導されることは辛いことです。多くの子どもはできればみんなと一緒に学校へ行きたいと思っています。学校へ行けない自分を責めています。そういう子どもにとって正しさからの指導は恐怖です。かといって、「学校へ来なくてもいいよ」と言われたら、それはそれで見捨てられた気分になるかもしれません。

子どもにとって安心できる人は、**「この子は学校へ来ないことを自分で選択している人だ」と信じて関わってくれる人**だと思います。

なんだかわからないけど、不安だったり朝起きられなかったりするから学校へ行けないという子どもが増えています。その子どもは、もっと状態が悪くなることを避けるために学校へ行かないことを選択している子どもです。

学校で学ぶことよりもっと楽しく学べること、学校へ行くよりもっと活躍できる場を見つけて、そちらを選択している子どももいます。

消極的選択か積極的選択かの違いはあるかもしれませんが、学校へ行かないことを選択して自立に向かっている人だと信じます。

そう信じるから、子どもの話をしっかり聴く、その生き方を承認する、そして子どもの内側の思いを知りたくて質問をするという関わりができるようになります。

子どもに限らず人は、コントロールされ続けないと楽な方へ逃げるような生き物ではありません。野球をやりたいから野球を極める。将棋が好きだから将棋を探究する。歴史が楽しいから研究者を目指す。物作りが得意だから職人になる。人を育てることが好きだから先生になる。人はそれぞれに自分のやりたいことを見つけると本気で取り組む生き物です。

不登校を選択した子どもは、大人がこうした方が幸せになれると指し示す道を歩くことに疑問を持って、違う道を選択している人です。

子どもは自分が生きたい道を生きる力を持っていると信じることと、**観察と質問・傾聴・承認で関わることが、生きる意欲と能力を引き出すと信じること**が、子どもの主体性や対話力を引き出す基本となる関わりだと考えます。

6 「指示しない」ための選択肢

選択肢を考える

先生の助言やアドバイスがその子どもの役に立つこともありますが、役に立たないこともあります。それは、その助言の内容が悪いのではなく、**その助言がその子どもに合っていない**からです。

それは、勉強の方法でも、行動の仕方でも、人間関係においても、言えることです。

「嫌なことをされたら、黙っていないで言い返してあげなさい。先生にも同じようなことがあったからわかる。でも、あるとき言い返したら、もうそれ以上言われなくなった。そのくらいの強さがあなたには必要。大丈夫、きっと強くなれる」

こう言われて「やってみよう」と思う子どももいるでしょう。しかし、「それはもうやった」という子どももいるでしょうし、「ムリ」と思う子どももいるはずです。

いきなり助言やアドバイスへ行くのではなく、その前に「選択肢を一緒に考える」を入れたらどうでしょう。

T きっといろいろなことを試してきたと思う。どんなことをやってきたの。
C 黙って、その場を離れた。
C ジッと、相手を見た。
C やめてと言った。
T いろいろやってきたんだ。でも、うまくいかなかったんだね。じゃあ、できる・できないは置いておいて、「こんな方法があるかもしれない」を十個出してみようか。
C 「それは、いじめです」と言う。
C 「きゃあ、いじめられている」と大声を出す。
C 「先生助けて」と教室を飛び出す。
C 黙ってそのまま校長室へ行く。
C 新聞に投稿する。
C 机を蹴飛ばす。

C スマホで録画する。
C 何もしないで本を読む。
C SNSで実名を挙げて書き込む。
C 学校を休む。
C 親から教育委員会へ訴えてもらう。

選択肢として上がったアイデアの善悪はここでは問いません。その気になったら、やれることはいろいろあるということを確認するだけです。そのあと、それぞれのメリット・デメリットを検討したり、やってみたいこと、やれそうなことを選択したりします。

もし子どもがどれか一つを選べたら、具体的にどうやるのかを考えたり、練習したりすることもできます。子どもが自ら問題解決に進むことを支援する方法の一つになると思います。

7 授業展開を柔軟にする

「指示しない」ための選択肢

授業を始めてしばらくしたときに、後ろを向いたり隣の友だちに話しかけたりする子どもがいたとします。そんなときは、まず話を聞くように注意します。それでもおしゃべりをやめない子どもに対して、命令したり、叱責したりして、なんとか黙らせようとすることもあります。イライラする気持ちはわかります。しかし、そこにこだわらずに授業を進めた方が、聞いているほとんどの子ども、おしゃべりしている子ども、そして先生にとって安全安心です。**本質的なことは、学びを止めないこと**です。

では、隣とおしゃべりをしている子どもは、そのままでいいのかということですが、おしゃべりをやめさせなくても授業は展開できます。

活動を変える

先生が話して子どもが聞く授業を続けていると、おしゃべりが邪魔になります。おしゃべりが気にならなくなるようにするためには、**みんながおしゃべりを始めること**です。

「ここまで、先生が話したこと、大体理解できたかなぁ。ここまでのところで考えたことや思ったことを隣の人と対話する時間です。三分間自由に対話してください」

それまで先生の話を聞いていた子どもは、学習した内容について対話をするでしょう。話を聞いていなかった子どもは、「えっ、何の話だっけ」と困るかもしれません。「聞いてないから困るだろう。ちゃんと聞いていなさい」と指導する必要はありません。「何の話だった?」は授業の流れに戻るチャンスです。隣の友だちに聞くかもしれません。先生に聞くかもしれません。そのときは個別に手短に説明をすればいいだけのことです。

話し手を変える

先生の話は聞かない子どもでも、友だちの話は聞くことがあります。

「今、先生が説明したことを、そのまま前に出て来て説明して欲しいなぁ。まず隣の人と練習タイムを三分とるから、その後誰かトライしてね」

誰も出てこない可能性もありますが、こういう活動を普段からやっていると意外と出てくれるものです。みんなの前で説明することはとても難しいことなので、完璧は目指しません。インプットしたことをアウトプットする活動を大事にします。説明する子どもは学んだことを言語化する過程で学習内容の理解を深めます。友だちの説明は多少たどたどしくても、子ども同士では不思議に通じることがあります。

これは「豆先生」をつくることとは違います。子どもの中に教える人と教えられる人の関係ができることは避けます。説明することにチャレンジする人は学習者です。聞いて学ぶ子どもも学習者です。「先生役」「生徒役」という言い方で役割を演じることはあるでしょうが、役割は頻繁に交代し、固定化はしません。

活動を大きく変える

座って学習することが苦手な子どももいます。そういう子どもがおしゃべりを始めたり、出歩いたりすることがあります。観察していて、出歩きそうかなぁと感じたら、**みんなで出歩けば、個人の出歩きは目立ちません。**

「他の友だちはどんな考えをノートに書いてあるんだろう。みんな、起立。三分間、自由に見てきましょう」

今度は、席に座ったまま出歩かない子どもがいるかもしれません。それはそれで認めます。仲のいい友だちのところに行っておしゃべりをする子どもがいるかもしれません。それも許します。

「三分たちました。自分の席に戻りましょう」と促します。さっと戻る子どももいれば、時間がかかる子どももいます。少し待ちますが、席に着いている子どもに集中して授業を進めます。

目標を変える

全ての子どもが理解することを目標にして授業に臨むのですから、全員にわかって欲しいと願うのは当然です。評価でいえばA、B、CのAを目標に先生は頑張ります。しかし、どれだけ教材・教具を工夫し、わかりやすい説明をしても、全員をAにすることは難しいことです。目標はBで十分です。無理なくBに行ける子どもは自然にAに進みます。B同士の学び合いの場を設定すれば、Aに進む子どもは増えます。配慮するのはCの子どもです。AとBとCの子どもたちが安全に教え合い学び合う場をつくることや、先生が個別に関わることで、Cの子どもがBになることを目指します。

それでも、Cにとどまる子どももはいるかもしれません。そのとき大事にするのは、**Cの子どもの学習姿勢を承認する**ことです。

授業展開を柔軟にするということは、教師が前に立って授業をするスタイルから、アクティブラーニング型授業に切り替えることを意味しています。子ども同士の教え合い学び合いの場を設定したり、学力や意欲の差があることを前提に学びの中に活かしたりすることです。個の学びと協働的な学びを、組み合わせて授業をデザインしていきます。

8 チームで対応する

「指示しない」ための選択肢

担任や教科担任をサポートするために、支援の先生が授業に入ることも増えてきました。一人の先生に任せきりにしないで、チームで対応できるメリットがありますが、時には子どもにとって不適切になる対応があるように感じています。

担任や教科担任は授業全体を進める役割、支援の先生は授業の流れから外れる子どもの指導をする役割になっていることがあります。

担任や教科担任は、一斉授業を進めています。支援の先生は、先生の話を聞いていない子どもの横について、「話しを聞こうね」と指導します。別の子どもが後ろを向いていると、そちらへ移動して姿勢を直します。課題に取り組めていない子どもの横で教科書を開いてページを示すこともします。授業に飽きてきた子どもが教室を出てしまうと追いかけることもします。

支援の先生の役割は、指示、注意、命令、張り付きなどになっています。支援の先生はよかれと思って一生懸命に関わっていますが、なかなかその子が自分から学習に関わるようにはなりません。

ある支援の先生はこの状態を「モグラたたき」と言っていました。担任や教科担任が全てを一人でやっていると、授業が成立しなくなることもあるので、ありがたいことではありますが、支援の先生も支援を受ける子どももストレスを抱えています。

もしかしたら、その子どもは支援の先生に関わってもらうことを期待して問題行動を増やしているのかもしれません。支援の先生が来てくれたらやればいいやという依存の関係ができているのかもしれません。

担任や教科担任が、コントロールを手放して、子どもの主体性や対話力を引き出す関わりを増やすことで、支援の先生の関わり方も変わります。

支援の先生は、気になる子どもが今日はどういう状態かを観察します。

もし、授業開始後五分で多動傾向の子どもがソワソワし始めたことに、担任が気づいていないようなら、決めてあったサインを担任に送ります。担任は、授業を柔軟に変化させて対応します。

先生の話を聞く活動から、隣と対話する活動に変化したとき、その子がどうするかを観察します。**もし、その子が対話をしていたら、承認のチャンス**です。担任が気づいて承認をするかもしれませんが、全体を見ていて気づかないかもしれません。何気なく近寄って、「いいね」のハンドサインで承認します。

観察をしていれば、いつも気になる子どもだけでなく、いつもは元気なのに活動が止まっている子どもに気づくこともできます。何気なく近くへ行って「何か困っていることあるの？」と質問することもできます。支援の先生は教科の指導をすることまで認められていないことがあるかもしれませんが、できる範囲で説明することはできます。状況に応じて、担任を呼ぶこともできます。

支援の先生の役割は、**観察と質問・傾聴・承認**です。それは、担任や教科担任が行うアクティブラーニング型授業を、プラスに支援する役割になります。

9

「指示しない」ための選択肢

諦観する

どんなに支援しても工夫しても、変化しない成長しないように見える子どもはいます。しかし、それは、限られた時間と空間の中で見えているだけの姿で、永遠に続く姿ではありません。

先生は、一瞬一瞬で勝負しようとしがちです。

「今ここで、席に着いて話を聞くことができる力を身につけさせなければならない。それがこの子のためになることだ。そして、周りの友だちに迷惑をかけていることを理解させなければならない。この子の将来のためだ」

指示・命令に従わない子どもを目の前にするとそんな思いにとらわれることがあります。しかし、それは妄想です。子どものときそうであっても、立派な大人になっている人はたくさんいます。

諦観には「諦める」という意味合いがありますが、「見捨てる」「見放す」とは違います。

「本質を見極めて、目の前で起きていることへの執着を捨てること」が「諦観」です。

目の前で起きていることは、「話を聞かない、席に着かない」ですが、それはその子の本質ではありません。「この子は、より良く生きようとする意欲も能力も持っている存在であり、この状態が永遠に続くことはない」というのが本質です。その本質を信じて見守ること、目の前の行動をコントロールしたくなっている気持ちを捨てることが諦観です。

「長い目で見る。今は諦める」
「いつか育つ。今は許す」

そんな言葉を心の中でつぶやいて、コントロールを手放すことは、その子どもにとっても、周りの子どもにとっても、そして先生にとっても安全であり、楽であり、良い結果をつくりだします。

Chapter 3

場面でわかる「指示しない」技術

1 まだ多くの子どもが席に着いていません。

授業開始前

Situation

休み時間が終わりました。授業を始めるために、先生は子どもたちに席に着くように声をかけます。

指示する

授業を始めます。
席に着きなさい。

指示しない

授業を始めます。
席に着きましょう。

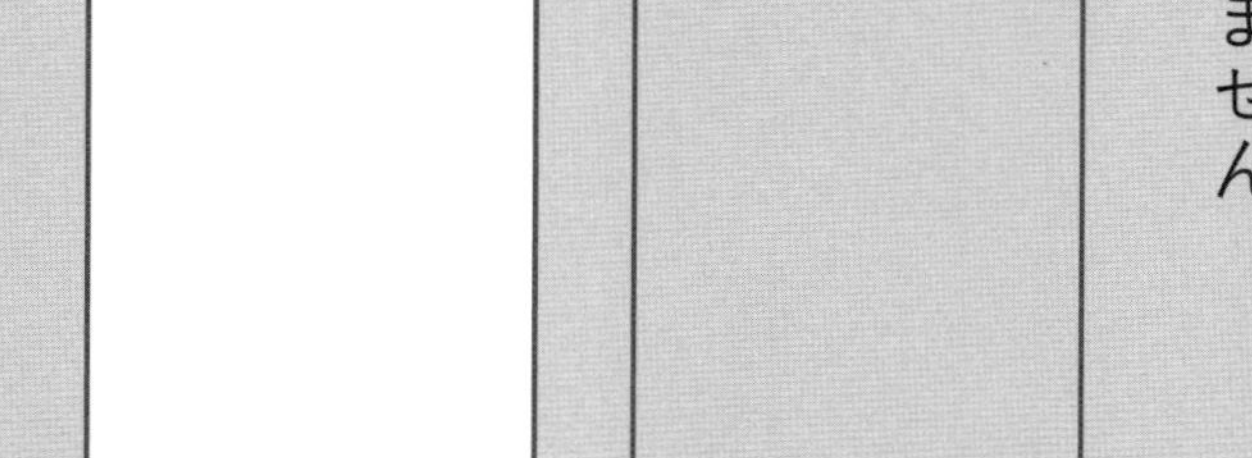

「指示する」を「誘う」に変えましょう

①指示する表現の奥にある無意識

学級によっては二分前着席が習慣化されていて、授業開始の指示を必要としない学級があるかもしれません。そうした学級であっても、行事や日程の変更で指示を出さなければならないときはあると思います。

「さぁ授業開始の時刻です。席に着きなさい」

この「席に着きなさい」は、普通に使われる言い方です。「教科書を出しなさい」「静かにしなさい」も普通に使われます。この**「〇〇しなさい」**という言い方に違和感を持つ先生は少ないと思います。

実際、この言い方をしたから問題があるというわけではありません。しかし、よく考えてみると、この言い方は、ある関係の上に成り立っていることがわかります。**先生は「指**

示を出す人」、そして**子どもは「その指示に従う人」**という役割から生まれる関係です。

学校の中でこの関係は、空気のように当たり前のこととして捉えられています。そのため、先生には「教える人、導く人、正しい人」という役割が、子どもには「素直に従う人、素早く従う人」という暗黙の役割が与えられます。そのため、素直に素早く従う子は「良い子」であり、そうでない子どもは「悪い子」という見方をされます。

お互いにうまくいっているときはいいのですが、この関係性が、先生の生きづらさと子どもの生きづらさをつくっていることがあります。

指示する表現が悪いわけではありません。

指示する表現の奥に、「子どもは素直に従うものだ」という無意識が潜んでいる可能性があります。

②誘う表現を選択する意味

「席に着きなさい」は何かきつい感じがするので、「席に着いてください」と言い換えている先生もいるかもしれません。指示ではなく、お願いをしている言い方になり、優しい雰囲気になります。「読んでください」「発表してください」なども使われますが、あえて言うならば、授業はお願いしてやってもらうものではありません。授業は、子どもと先生が一緒につくりだす**「協働的な学びの場」**です。

「席に着きましょう」は、子どもを授業に誘う言葉になります。「読みましょう」「発表しましょう」などは子どもの主体性を信じて促す言い方です。

細かいことにこだわって、単なる言葉の言い換えを提案しているのではありません。使う言葉には、その先生の役割やあり方が無意識に出ている可能性があります。**その無意識に気づいて、言葉を選択して使いませんか**という提案です。

教師の役割を「子どもと一緒に学びの場をつくる人」「子どもの意欲を引き出して、それに寄り添っていく人」としたときに、きっと子どもは先生との楽しい授業を期待して、席に着くことを選択すると思います。

授業開始直後

2 まだ席に着いていない子どもがいます。

Situation

授業を始めたいのですが、まだ席に着いていない子どもがいます。ほとんどの子どもは席に着いています。

指示する

Aさん、早く席に着きなさい。
（2秒待つ。しかし座らない）
Aさんが席に着いたら始めます。

指示しない

Aさん。席に着きましょう。
（5秒待つ。しかし座らない）
はい、始めます。

席に着いている多くの子どもに集中しましょう

①授業を始めることを選択できるのは先生

多くの子どもは一回目の声がけで席に着きますが、なかなか席に着けない子どももいます。

このときいきなり、「〇〇！ 早く席に着け！ 遅い！ 待たせるな」と強い指示・命令をする先生もいるかもしれません。普段から、着席が遅い子ども、指示に従わない子どもの場合、先生のイライラもたまっているでしょうから、気持ちはわかります。しかし、そうすることの弊害はChapter 2で触れた通りです。

いつも通りに席に着かない子どもに対しても、「早く席に着きなさい」と柔らかく指示を出すか、「席に着きましょう」と促す方が、その子にとっても、周りの子どもにとっても、そして先生にとっても楽で安全です。

そして、**5秒は穏やかに待ちます**。5秒は結構長い時間です。5秒に根拠があるわけではありません。その子どもの様子を観察し、二回目の声がけをしなければならなかったイラッとした気持ちを落ち着かせ、座っている子どもたちの方に意識を切り替えるための時間です。

「早く座れ！」と思いながら、座らない子どもをにらんでいると、ますますイライラしてきて、叱責したくなります。そこで別の言い方として、たとえば「〇〇さんが座ったら、授業を始めます」と言うことがあります。

間違えた行動を正さない限り次へは進まないという指導はありがちな指導ですが、この場合、これは**脅しを用いた指導**にもなっています。「ちゃんと座っているみんなに迷惑をかけていいのか。嫌われてもいいのか。それが嫌ならすぐ座りなさい。君が座らない限り授業は始めない」という脅しになっています。「他人に迷惑をかけてはいけない」という当たり前のことを学ばせたいという意図もあるでしょうが、「教室の中でキャッチボールをするとみんなの迷惑になるからやめなさい」とは異なっています。

教室でキャッチボールをすることは危険なことなので、やめることを選択するように子どもに関わります。選択するのは子どもです。一方、出歩いている子どもが席に着かなくても、授業を始めることはできます。それは先生が選択できることです。座っている子どもたちを人質にしているような迫り方は適切ではないでしょう。

②さらっと始めた方が楽で楽しい

先生は、「座りましょう」と促し、5秒待ちました。座っている子どもたちにも5秒待ってもらいました。大切にすることは、多くの子どもたちと一緒に学習を進めることです。座っていない子どもを無視するのではなく、**観察**します。そして、座っている子どもたちに集中して授業を始めます。始めながら、座っていない子どもが座る時間をさりげなく確保してあげることもできます。

T はい、それでは始めます。
今日は、前の時間やったことを思い出すところから始めようか。
ノートを見て思い出してみよう。隣の人と話してもいいよ。（2分間）

T 思い出せたかな。では、先生が説明するね。

3 後ろを向いておしゃべりを始めた子どもがいます。

授業開始5分後

Situation

授業が始まって５分が過ぎました。授業に集中できないのか、Ａさんが後ろの友だちとおしゃべりを始めました。

指示する

Ａさん、前を向きなさい。
先生が説明しています。
静かに聞きなさい。

指示しない

ここまで先生の話を聞いて、大切なこと
は何だと思いましたか。
隣の人と対話しましょう。

おしゃべりを学習の流れに組み込みましょう

①旧3K型授業

先生が説明しているとき、集中して聞いている子どももいます。静かにしているけれど、そんなに集中していない子どももいます。我慢して聞いているふりをしている子どももいます。5分もすると、身体が動き出して、隣の友だちや後ろの友だちに話しかけてしまう子どももいます。30人いたら30通りの聞き方があるのかもしれません。それは、小学校低学年でも中学校でも見られる姿です。

聞いているかどうかは別にしてとりあえず静かにしている子どもは注意の対象になりにくいのですが、おしゃべりしている子どもは気になります。

T　Aさん、前を向いて、先生の話、ちゃんと聞きなさい。

今、とても大事なところを説明しています。

Bさんもいちいちおしゃべりに付き合わないこと。

こうした注意や指示によって、「先生が解説をする」「子どもが聞く・書く・記憶する」授業を成立させようとすることになります。

この授業を私は、**旧3K型授業＝「聞く・書く・記憶する」授業**と呼んでいます。

②新4K型授業

子どもが**「考える・関わる・行動する・解決する」授業**を、**「新4K型授業」**と名付けましょう。学習指導要領で示されている「主体的・対話的で深い学び」そのものです。

子どもたちは、10秒から数分程度で切り替わる動画を楽しんでいます。興味のない動画はスキップして興味のある動画だけを次々と選んで見ています。そういう子どもたちが集中しやすい授業に進化させていくことが大事だと感じています。それは、子どもに媚びて刺激的な面白い授業にするということではありません。

子どもたちは、授業のときは授業モードに切り替えて、学習に参加しようとしています。その意欲を継続できるように授業のスタイルを「主体的・対話的・協働的・課題解決型」のアクティブラーニング型授業に変えていこうという提案です。

T　はい、ここまで5分間、先生がポイントを説明しました。
大切なことは何だったと思いますか。
それぞれでまとめる時間をとります。時間は1分です。
（1分～2分　個人思考の時間をとる）

T　はい、そこまで、途中まででいいからね。
では、隣の人と対話して、確認しましょう。
時間は3分です。

アクティブラーニングの技法「シンクペアシェア」を入れただけですが、メリットはいくつかあります。

・Aさんを注意しないため、学習は中断しないで前に進みます。
・Aさんを注意しないため、Aさんを問題児として注目させません。
・Aさんを注意しないため、先生との関係は安全です。
・個人思考のとき、Aさんが隣の人に内容について質問する可能性があります。
・対話のとき、Aさんが隣の人からポイントを学ぶ可能性があります。

4

いつものように席を離れて出歩く子どもがいます。

授業開始10分後

Situation

多動傾向のAさんは落ち着いて授業に参加することが苦手です。今日も開始10分で出歩きを始めました。

指示する

Aさん、席に戻って！
（と言って戻るなら苦労はしないなぁ。放っておいて、続きを話そう）

指示しない

今、先生が話したことは、全て教科書に書いてあります。
読んで理解しましょう。

「教える」から「学ぶ」に変えてみましょう

①講義をするより教科書を使おう

旧3K型の授業で、先生の話を聞かせようとすると、注意や命令で席に着かせたくなります。あるいは、頻繁に出歩くことがある子どもに対しては、「またいつものことか……」と諦めて放っておくことがあるかもしれません。強い指導をするのか、諦めて放っておくのか、どちらを選んでも、適切ではありません。

新4K型の「子どもが考える、関わる、行動する、解決する」授業＝**「子どもに任せ、子どもが学ぶ授業」**に切り替えます。

T 先生が今説明していたことは、全て教科書の◯ページと◯ページに書いてあります。先生の説明を思い出しながら、教科書を読んで理解しましょう。

教科書をそのまま使いたくないというこだわりを持っている先生もいます。自作の問題や学習プリントでやりたいという専門性の高い先生かもしれません。自分が説明した方がわかりやすい授業ができるという、板書力や解説力に秀でた先生かもしれません。

しかし、教科書は全員が持っていて、よく考えて作られているテキストであり、参考書であり、問題集です。もっと活用していいと思います。先生が解説することから授業を始めるのではなく、子どもが教科書を読み込み、内容を理解し、質問をつくり、対話する学習を増やしてはどうでしょうか。

話を聞くことが苦手な子どもはいます。聞くだけの時間を短くすることで、出歩くことを減らせる可能性が高まります。「聞かせる」を「読ませる」に変えるだけで、うまくいくということではありません。**教科書を使って、様々な意味のある学習活動を設定して、子どもに任せていく**ということです。

T 教科書の○ページを読んで、大事なことを三つ書き出しましょう。

T 教科書の○~○ページを読んで、感じたことを書きましょう。

T 教科書の例題の解説を読んで、解き方を理解しましょう。

T 教科書を読んで、よくわからないところを見つけましょう。

T 教科書に書かれていることを、隣の人に説明できるようにしましょう。

T 教科書のやり方でうまくできるかやってみましょう。

②教科書を使って対話的な活動につなげる

T 教科書を読んでわからないところは隣の人に聞いてもいいです。

T 隣の人に聞いてもよくわからなかったら、後ろの人に聞いてもいいです。

T わからないことがあったら出歩いて誰かに聞いてきてもいいです。

T どうしてもわからないことがあったら、先生に聞きに来てもいいです。

T それでは、隣の人にやり方を説明しましょう。

T 四人グループをつくって、わからないところを教え合いましょう。

T 教科書のやり方よりもっとうまいやり方を見つけている人は、前で発表しましょう。

先生が解説して取り組ませる授業を、始めから子どもに任せ、個人で追究し、自由に相談し、ペアで対話し、四人で探究し、全体に発表するような授業にすることが、「出歩く」という問題を解決する近道かもしれません。

5 対話的な学習

話し合いを始めないペアがあります。

Situation

ペアで対話をするように伝えました。ほとんどのペアは対話を始めましたが、始めないペアがあります。

指示する

Aさんたち、早く始めなさい。
他の人はもう始めています。
対話力はとても大切な力ですよ。

指示しない

（観察します）
（子どもを理解しようとします）

対話は強要せず、観察しましょう

①対話をさせても対話力は育たない

授業の中で対話を促しても、なかなか始めないペアがいます。そのようなペアのことは気になります。気になると、注意したり説得したりして、なんとか対話をさせたくなります。

T Aさんたち、早く話し合いを始めなさい。あと2分です。他のペアはどんどんやっています。これからの時代、コミュニケーション力はとても大事な力です。その力をつけるためのペア学習ですよ。頑張りなさい。

対話を始めない人に対話をさせることはできません。仮にやらせても、それは主体的な学習にはなりません。主体性を引き出すためには待つことが大事になりますが、「待つ」のはなかなか難しいことです。「待つ」ではなく、**二人の様子を観察しながら、対話を始**

めない二人に何が起きているのか理解しようとすることが必要です。

・Aさんは自分で答えを出そうとしていて、ペアのBさんはAさんの考えがまとまるのを待っているのかもしれません。
・Aさんは具合が悪いようなので、Bさんは声をかけにくいのかもしれません。
・AさんとBさんは授業の前に喧嘩をしたのかもしれません。
・二人とも別のことを考えていて、学習に参加していないのかもしれません。

いろいろなことが考えられます。もしかしたら、1分たったところで、考えをまとめたAさんが話しかけるかもしれません。BさんがAさんのことを気遣って「大丈夫？」と声をかけるかもしれません。それらは、「対話をしなさい」と指示されてする対話より、はるかに主体的な関わりです。

2分間、何も話さないまま終わるペアもあるでしょう。そのことを指摘して、次は対話をするように指導することもできます。指摘しないで授業を続け、次の対話の場面でどうするか様子を見ることもできます。どちらも選択できますが、主体的な関わりを信じるなら、指摘しないことです。

次の対話の場面でAさんとBさんが対話をすれば、それでよいと考えます。何気なく承認することもできます。もし次の場面でも対話をしないようであれば、そっと近くへ寄って質問で関わります。

T 今、どんな状態なの？

C え……。ちょっと、いろいろあって……。

T そう、いろいろあったんだ。何があったの？

C それは、ちょっと。

T そうか。で、この時間はどうする？

C 今日は、……それぞれでやります。

T それぞれでやるんだね。わかった。もしチャンスをつくれたら対話しようね。

C ……はい。

甘い対応ではありません。信じて関わるから主体性が引き出せるのです。

対話的な学習

6 対話的な学習は嫌だと言う子どもがいます。

Situation

対話的な学習は苦手だから、やりたくないと子どもが言います。だから、私も対話的な授業はやりたくありません。

指示する

対話力は絶対必要な力です。苦痛だからと逃げていたら力はつきません。頑張りなさい。

指示しない

無理をすることはありません。聞くことも大事な力です。

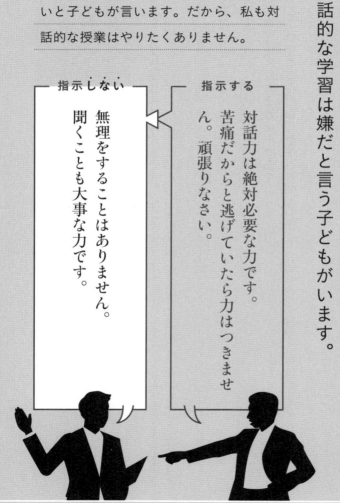

「対話させる」より安全安心な学びの場をつくりましょう

①対話をしたくない理由はたくさんある

「対話的な学習を嫌がる子どもがいるから、アクティブラーニング型授業はやりたくない」と言う先生がいました。たしかに、人と話すことに抵抗感を持つ子どもはいます。その理由はいろいろと予想することができます。

・自分の考えをまとめることが苦手だから
・自分の考えを言うことが恥ずかしいから
・話をしたら友だちにバカにされたことがあるから
・先生が対話をしろと強要してくるから
・声を出そうとするとなぜだか声が出なくなってしまうから

こうした理由を持っているかもしれない子どもに対話を強要することは危険です。もし緘黙の子どもだったら、それはきわめて不適切です。

しかし、対話のある学習場面を設定することと、対話を強要することは別のことです。自分の意見を持つこと、それを言葉にすること、相手の話を聞くことなどの対話力を育むことは大事なことです。

強要はしないけれども、対話力が育まれる学習にするために、一番大事なことは**「安全安心な場」**を根気よくつくり続けることです。

「安全」とは、**発言することに危険がない状態**です。

・発言することも、発言しないことも選択できて認められること
・発言したことは否定、批判、攻撃されないし、無視もされないこと

「安心」とは、**発言してよかったという気持ちが持てる状態**です。

・発言したことは黙って聴いて受け取ってもらえること
・質問、承認、賛同、感謝、コメントなどの反応をもらえること

②安全安心な場をつくるのは、まず先生から

対話が嫌だという子どもは、発言を強要されたり、発言をからかわれたりしてきた嫌な体験があるのかもしれません。考えをまとめたり、発表したりする能力に課題があるのかもしれません。もしかしたら、吃音や緘黙などがあるのかもしれません。持って生まれた特性から、コミュニケーションを苦手としている子どもかもしれません。そして、クラスの中に安全でない人間関係を持っている子どもなのかもしれません。そうした背景を考慮するならば、「対話力は大事だから、対話をしなさい」という指導はしません。

一方で、「嫌がる子どもがいるから、対話的な学習はやらない」という選択もしません。対話を楽しむペアやグループは結構あるのですから、対話をしない子どもがいることをやらない理由にはしません。**対話をしない友だちがいることを認め合う約束をした上で、子ども同士が関わり合いながら成長する、ピアサポートの力を信じて任せます。**

T 聴くことは大事な力。発言しないことも認めます。話せるときは話しましょう。

こういう先生のあり方が、対話を主体的に楽しむ集団を育みます。

7

対話的な学習

示した課題と違うことをやっているペアがいます。

Situation

取り組む課題を伝えて、ペアで対話する場面を設定したのですが、関係ないことをやっているペアがあります。

指示する

Aさんたち、やっていることが違います今、やるべきことは、これです。指示されたことをやりましょう。

指示しない

今、どういう状態ですか？

指示に従ってやらせることより、今の状態を聞いてみましょう

①子どもだけが悪いと思わない

ペアやグループで学習するとき、先生が示した課題と違うことをやっているペアやグループがあることがあります。この場合にも様々な原因が考えられます。

・何をやるのかわかっていない
・やることを誤解している
・やることに興味を持っていない
・脱線して、友だちとのおしゃべりが盛り上がっている
・目の前の教材やタブレットに興味を持っている

いろいろな原因が想定できますが、想定はあくまでも先生の見方ですから、本当のことは聞いてみないとわかりません。有効なのは、**ただ質問すること**です。

T　今、どういう状態?

C　何やるのかわかりません。

T　そうか、わからなかったのか。説明するね。

この場面で「何やっているの?」「どうして話し合わないの?」「どうして違うことやっているの?」と質問することもできますが、**「君たちがやっていることは間違っている」という判断を感じさせる質問は抵抗をつくる**可能性があります。

指示したことと違うことを始めてしまう原因が先生にある場合もあります。先生の意図が正しく伝わるように配慮することが大事です。例えば、視覚優位の子どもにも課題がはっきりわかるように、黒板や大画面に課題を表示しておくことができます。ペア活動に入る前に「何をどうするか、わからない人はいますか?」と確認することもできます。

先生に不備があるから、一〇〇%の準備をしなければならないということではありません。こうした対話的な授業は、先生と子どもたちと協働的につくりだす授業です。子どもが悪いとか、先生が悪いとかではなく、対話を通してどうすれば深い学びにつながるかをお互いに学び合う場でもあるということです。

②判断をしない質問は自分を振り返りやすい

「今、どういう状態?」は、**判断をしていない質問**です。責められたとは感じにくい質問ですが、それでも先生が質問をしてきたのですから、「まずい。何かしちゃった?」と考える子どもが多いでしょう。子どもは先生に対して上の立場の人だという意識をちゃんと持っています。だから、さらに高圧的に関わると萎縮したり警戒したりして、素直に自分の行動を見つめることができなくなります。

「今、どういう状態?」の質問は、**子どもが自分の状態を素直に振り返りやすい質問**です。

・しまった。おしゃべりに夢中だった。切り替えよう。
・えっ、違うことやっていたのかな。

と、子どもが自分から気づいてくれる可能性が十分にあります。子どもの意識が先生ではなく、自分自身に向くような質問が大事です。

対話的な学習

8 対話をやめないで、話し続ける子どもがいます。

Situation

時間になったので、対話をやめるように伝えました。しかし、やめないペアがあります。

指示する

時間です。話をやめなさい。
先生が話します。
聞きなさい。

指示しない

はぁ～い、そろそろ時間です。

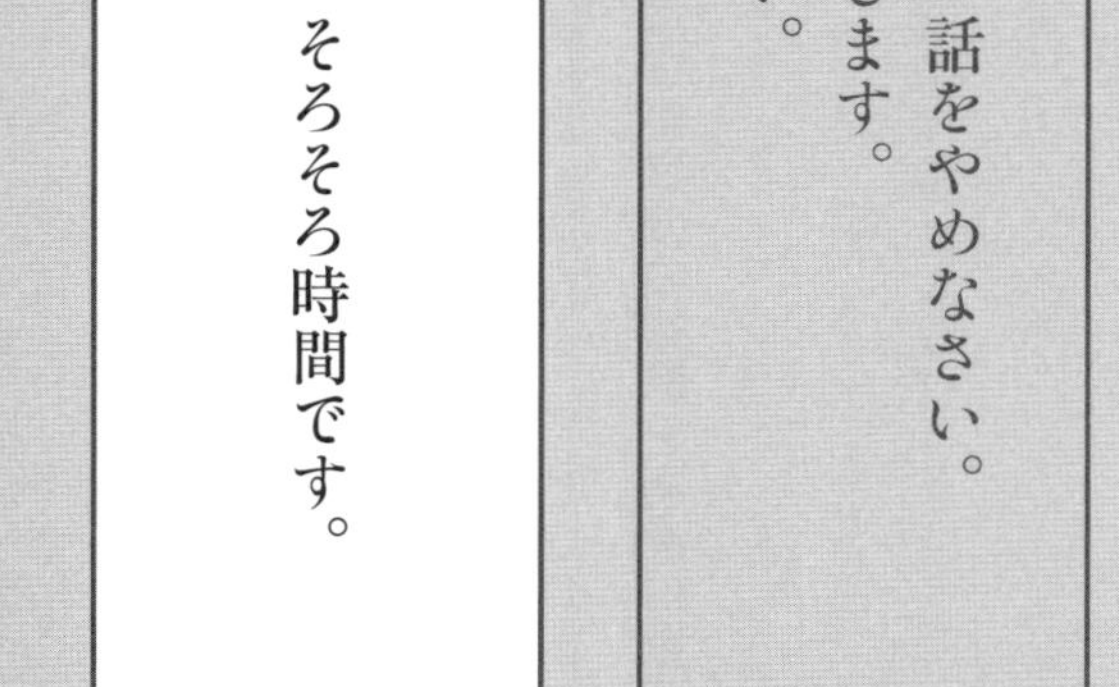

やめさせることより、自然にやめられるような声がけをしましょう

①やめさせる方法

「対話を始めなさい」と言ったら、すぐに対話を始める。「対話をやめなさい」と言ったら、すぐに対話をやめて先生の話を聞く姿勢になる。そんな子どもばかりだったら、授業はスムーズに進むでしょう。先生のストレスも減ります。しかし見方を変えれば、それは**先生にとって都合の良い子どもに躾けているだけ**なのかもしれません。

もちろん、先生と子どもの間に信頼関係ができていて、先生の指示に素直に従っている場合もあるでしょう。

一見同じように見える子どもたちの姿も、指示・命令で躾けられた姿と、観察・質問・傾聴・承認の積み重ねによって育まれた姿とは、質的に大きく異なると思います。

対話をやめずに続けているペアとは、一体どんな状態なのでしょうか。観察します。

・先生の指示に気がつかなくて話している
・意見が対立して議論が白熱している
・「わからない」という友だちに一生懸命説明している
・発表に向けて練習している
・雑談が楽しくて盛り上がっている

雑談も含めて、話をやめられない子どもたちは対話的な活動を楽しんでいます。強い指導でやめさせることは、**学習の安全性を損なう**ことになります。

強い指導をしない方法はいろいろあると思いますが、二つだけ紹介します。

「はい、そこまでです」と伝えた後、先生が手を挙げます。それに気づいた人が活動をやめて手を挙げていきます。多くの人が黙って手を挙げていると、夢中になって話していた人もハッと気づきます。そして話をやめ手を挙げて先生の方を見ます。

手拍子を使う先生もいます。「パン、パ、パ、パン」と先生が手をたたくと、子どもたちも一斉に同じように手をたたきます。その音で話をしている子どもが気づいて、前を見ます。

こうした技術は、強い指示でやめさせるよりは安全で有効かもしれません。最近は電子黒板にタイマーを大きく表示して、時間になるとブザーが鳴るようにしている先生もいると思います。時間管理は大事ですが、機械的に切るだけの使い方にならないように、子どもの状態に応じて短縮延長することも大事です。

②自然に終わりにする方法

構成的グループエンカウンターでは、エクササイズ（気づきを得るための対話や活動など）に取り組みます。夢中になって取り組んでいると、時間になっても気づかないグループがあります。構成的グループエンカウンターの第一人者である國分康孝先生は、そんなとき**「は～ぁ～ぁ～い。そこまでで～す」**と柔らかな、しかし全体に届く声で伝えていました。全体をリードする意志を持ちながら、続けている人を否定することは全く感じさせない声がけでした。そして「熱心にやっていたね。ありがとう」と承認もしていました。自然に終われるようにするコミュニケーションのコツだと思います。

9 忘れ物をした子どもがいます。

個別の対応

Situation

何日も前から繰り返し連絡をしてあったのに「忘れました」と言ってくる子どもがいます。

指示する

必ず持って来いと言ってあったよね。
それがないと今日の授業はできない。
みんながやるのを見ていなさい。

指示しない

次は持ってくるんだよ。
貸してあげるよ。

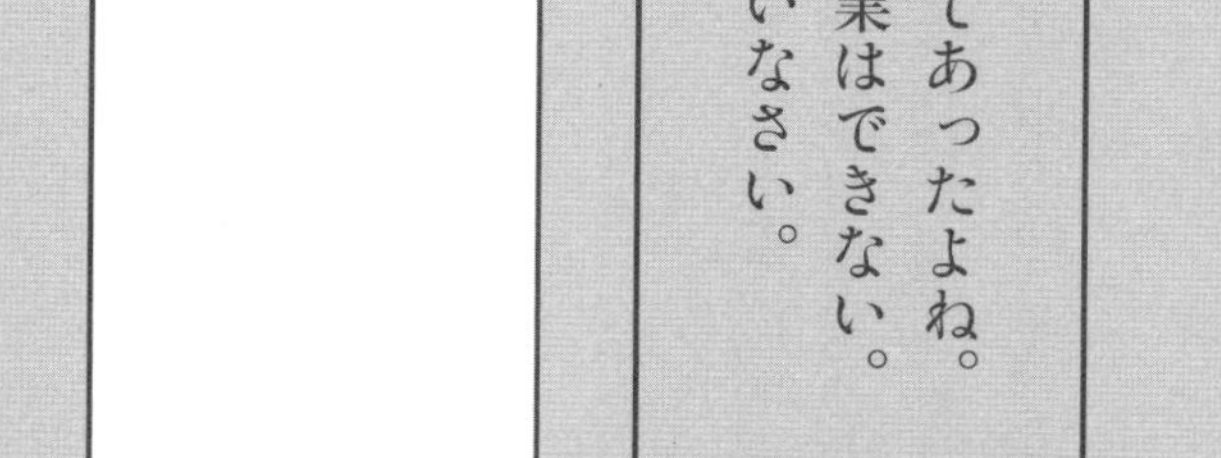

忘れてしまう子どもの課題に寄り添いましょう

①忘れたくて忘れる子どもはほとんどいない

忘れ物と言ってもいろいろな種類があります。

・隣の人に見せてもらえるもの（教科書、資料集、問題集など）
・友だちの許可は必要だが、少しの時間だけなら友だちから借りられるもの（定規、コンパス、マジック、辞書など）
・誰の物だかわからない落とし物や先生の持ち物などで、貸すことができるもの（定規、コンパス、習字道具、絵の具セットなど）
・貸し借りできないもの（水着、鍵盤ハーモニカ、給食着やマスク、個の学習に使うために用意した材料や道具など）

忘れ物のほとんどは忘れた子どもの学習に影響があるだけで、全体の学習にはあまり支障を来しません（班の中で分担された物で、班の人に迷惑をかける場合はありますが）。

忘れ物をした子どもを注意したくなるのは、その失敗を繰り返させたくないという思いがあるからですが、それでも忘れる子どもは忘れます。だからさらに叱責をするのですが、注意や叱責で改善することは少ないように感じます。不注意は生まれながらの特性や生活習慣に関係していることが多いからかもしれません。

ほとんど忘れ物をしない子どもがたまに忘れたときにも、厳しく叱る先生もいます。ある先生は、「よく忘れる子どもに厳しくしているから、同じように指導しないと平等でなくなる」と言われました。普段きちんとやっている子どもにすれば、理不尽な感じがするかもしれません。

忘れ物は良いことではありませんが、**注意・叱責することは全体の雰囲気を悪くします。**「次は忘れるなよ」と言って貸してあげられる物は貸す方が、学習は前に進みます。「友だちに貸してとお願いして学習に参加しろよ」と言う方が、学習の機会は確保されます。

それでは甘いと言う先生もいると思いますが、その場で勝負すると不適切な対応を起こしやすくなります。他の友だちが怒られているのを見ているだけで辛くなるという感受性が強い子どもは増えています。そういう子どもが学級不適応を起こす可能性もあります。

②課題に寄り添う先生になる

授業の後、忘れたことについて対話することもできます。

T 今日、忘れ物したね。何があったの？
C 特別何かあったわけではなくて、「また忘れちゃった」っていう感じです。
T そうなんだ。前、忘れないように「手に書く」って言っていたけどどうなの？
C はい、ちょっとやっていたけど、今はやっていません。
T そうか、やっていないんだ。他に何を試してみた？
C 「寝る前に準備する」をやってみたけど、それも忘れちゃいます。
T なるほど、それもやってみたんだ。忘れ物についてはどう思っているの？
C ちゃんと持って来られるようになりたいなぁとは思っています。
T その気持ち、受け取ったよ。次は何を試してみようか？

この子どもは、「忘れ物をしない人になる」という課題を持ちながら、これからも不注意と付き合っていきます。その思いをわかってくれる先生の存在は励みになります。

10

個別の対応

大事な書類を提出しない子どもがいます。

Situation

大切さも締め切り日も事前に連絡してあるのに、期限までに提出しない子どもがいます。

指示する

この書類を提出しない人は旅行に参加できないと言ってあるよね。
今日中に保護者と一緒に持ってきなさい。

指示しない

書類を提出するために、君ができることはどんなこと？

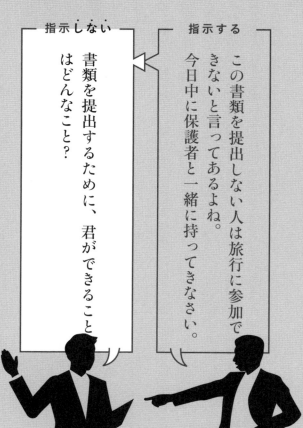

「本人ができること」を本人とともに考えましょう

①保護者に原因があることがある

子どもが提出する物を大きく四つに分類しました。

A 先生が子どもに課している物（家庭学習、課題作文・作品、日記、テストの記録、長期休業計画表など）

B 保護者の責任で提出しなければならない物（家庭環境調査票、健康診断書など）

C 保護者と子どもが同意して提出する物（入学願書、学年行事参加同意書、補助教材購入申込書など）

D 必要に応じて保護者が提出する物（保護者会行事申込書、学校アンケート、連絡帳など）

これらの中で、確実に提出してもらわないと困る物は、BとCです。子どもの健康や発達などについて情報共有する物、お金に関わる物、保護者の同意が必要な物などです。

こうした書類が提出されない原因が保護者にある場合があります。保護者が通知を見落としたり、子どもに渡し忘れたりしている。保護者に不注意などの特性がある。場合によっては保護者が育児放棄をしていることなども考えられます。

保護者や家庭が抱える事情を想像したり、配慮したりしないで、子どもを責めても解決はできません。先生と保護者の間の運搬役をやっている子どもに辛い思いをさせることになります。

②正論より事情に寄り添う

先生は多忙で、そんな子どもや保護者の事情まで配慮して対応できるほどゆとりはないかもしれません。しかし、「正論を盾に相手を責める」やり方は、「正論を盾に相手から責められる」関係をつくる可能性があります。保護者がクレーマーになる背景として、そんな関係ができていたのかもしれないと感じることもあります。

先生も子どもも保護者も不幸にしないで「書類が提出されるという結果」をつくるために大事なのは、**相手の事情を知り、許すこと**だと思います。

T 明日が締め切りの親の同意が必要な書類、まだ出ていないね。どうなっている？
C 親には渡してあります。でも、まだ書いてもらっていません。
T そうなんだ。どういう状態なの？
C 母は夜の十時まで仕事しています。
T そうか、お母さん、十時まで仕事なのか。大変なんだろうなぁ。
C ……。
T 明日提出するために君ができることはどんなこと？
C 母は朝九時に起きます。そのとき相談して持って来ます。遅刻しますがいいですか。
T わかった。君の頑張りに期待するよ。

中学生を想定した対話です。小学校低学年なら、保護者に電話をして直接話をすることになるでしょうが、その際も親の事情を聞いて許して、できることをやってもらうという姿勢が大事です。「出させよう」というコントロールを手放した方が、電話をするのも楽になります。

11

個別の対応

宿題をやってこない子どもがいます。

Situation

学力を向上させたいと考えて宿題を出しています。やってくる子どももいますが、ほとんどやらない子どももいます。

指示する

家で学習する習慣をつけて、学んだことを定着させるために、しっかりやって提出しなさい。

指示しない

どんな家庭学習ならやれるかな?

家庭学習の目的を、「主体性や計画性を育むこと」に変えましょう

①宿題は「やらせる・やめる」というものではありません

子どもが提出する物の一つ、「先生が子どもに課している物」には二種類あります。

a **学習内容に関わる物**（宿題、家庭学習、課題作文・レポート、課題作品など）

b **生活指導・生徒指導に関わる物**（日記、生活記録、テストの記録・反省、長期休業計画表など）

「学習内容に関わる物」は、子どもに学力をつけて欲しいと願って先生が課しているものです。習得・予習・復習・発表・応募のためなど様々なねらいがあります。

「生活指導・生徒指導に関わる物」には日記や生活記録などがありますが、子どもの生活の様子を知るとともに、コメントを書くことで子どもとのコミュニケーションに役立てるねらいがあります。テストの記録や反省は、目標を決め計画的に学習をして結果を次に

活かすねらいがあります。ねらいに価値はありますが、aもbも、先生が子どもに課しているものですから、先生がやめようと思えばやめたり、減らしたりできるものです。

宿題でいえば、小学校では出す・出さないは担任の先生に任されています。中学校では、教科会か教科担任に任されています。学校の方針として決めることもできます。いずれにしろ、もし先生がやめようと思えばやめられるものです。しかし、やめることはなかなか難しいのではないでしょうか。いくつか理由を挙げてみます。

・宿題を提出させてチェックしてくれる先生は、熱心な先生だと言われるから
・生活記録を提出させて、コメントを書いて、それを学級通信に載せてくれる先生は、いい先生だと評価されるから
・宿題の提出率は学習態度を評価する参考資料に使えるから
・テストの計画表は、子どもをやる気にさせるために効果があると考えているから
・課題作品は学力を評価する資料になるとともに、対外的なコンクールなどへ応募する作品に使えるから

学力向上、学級づくりに効果的に活かすために、積極的に取り組んでいる先生もいます。

一方で、「やらせる宿題」には弊害もあるとして、子どもが自分で教科・内容・量などを決めて取り組む「自主的な家庭学習ノート」の提出に変えている学校もあります。家庭学習の提出をやめた学校もあるかもしれません。

「学習はやらされるものではありません。主体的にやるものです。やるかやらないかは子どもと家庭に任せます」と宣言して宿題をやめることもできますが、その方針を理解して即対応できる家庭はどのくらいあるでしょうか。

・我が家では宿題より遊びや体験を大事にしているので大賛成です。
・我が家では親子が対話して子どもの学習計画を立てていくので大丈夫です。
・うちの子どもはゲームばかりしているので、それは困ります。
・やらされて鍛えられてつく力もあります。課題を出してください。
・先生たちが楽をしようとしている感じがします。
・先生がそのつもりなら学校には頼りません。学力は塾でつけます。

どの意見も、家庭の事情や保護者の考え方、子どもの実態などから述べられていて、否定できません。そして、誰もが納得できる正解を出せるとも思えません。

②主体的に家庭学習に取り組むことを支援する

「宿題をやりなさい」と指導をしたり、「宿題は出さないから、自主的にやりなさい」と指導したりするのではなく、先生と子どもと保護者が対話して、個別に最適解を見つけ出すことが大事です。個別の最適解をつくりだすために大切なのは、**大きな方向性を示す**ことと、**個別対応をする**ことだと考えます。

■大きな方向性

A　家庭学習の考え方

・家庭学習はやらされてやるものではなく、主体的に取り組むものです。
・家庭学習には予習、復習、練習などがあり、学力を高めるために役に立ちます。
・家庭学習でやる教科や内容、量などは自分で計画を立てて取り組みます。
・家庭学習で取り組むことは、授業で学んだことを主にしますが、興味のある分野の調べ学習、観察記録、創作、探究、運動など幅広い分野があります。

B　家庭学習の扱いについて
・家庭学習の提出は自由です。提出率を調べて評定に反映することはしません。
・提出回数を励みにしたい人は提出してください。提出されたノートには「見ました」の確認印を押して返します。
・ノートに質問などが書かれていたときには回答します。

◆個別の対応
・主体性や計画性などには個人差があります。家庭学習に取り組むことで、学力とともに主体性や計画性を高めていくことができます。そうした家庭学習をサポートするために、個別の相談ができます。希望があるご家庭はご連絡ください。

「宿題をさせる」「提出させる」を手放すので、「やりなさい」「出しなさい」がなくなります。先生も子どもも自由になります。

しかし、主体的に家庭学習に取り組めるようになるための、全体指導と個別の対話は続けます。「マイ家庭学習」というテーマで、取り組んでいることや成果を発表・交流する場を設けることによって、お互いの刺激や励みにすることもできます。

12

生徒指導

Aさんがいじめをしました。

Situation

いじめはいけないと指導をしてきたけれど、いじめが起きました。Aさんには厳しく反省させたいと思います。

指示する

いじめはダメだと言ってきた。君がやったことは犯罪だ。認めて、謝罪をしなさい。

指示しない

何があったのか、話してください。

いじめた人を責めることより、「いじめ」そのものを扱いましょう

①いじめた人を責めても「反省させる」ことはできません

人をいじめてはいけない。これが大原則です。そのために「いじめは絶対に許さない」と子どもたちに伝えることは大事なことです。

ただし、**「いじめは許さない」と「いじめた人を許さない」は区別しておく必要があります。**そうしておかないと、対応を間違えてしまいます。

自分の学級でいじめがあったとします。それがわかった瞬間、「あれだけ指導してきたのに、どうしてAはいじめなんかしたんだ」という怒りの気持ちが湧いてくることがあります。その気持ちを持ったまま、Aさんの指導に入ると、「問い詰める、責める、謝罪を求める」といった指導になりがちです。いじめは許されないことだから、厳しく指導することは当然のことと考えられがちですが、叱責、追及、謝罪の強要は、子どもが心から自分を振り返り謝罪することを難しくします。

他人はコントロールできません。強い指導で反省と謝罪をさせることはできても、わだかまりや恨みのような気持ちが残る可能性があります。

そんなことを気にしていては、生徒指導はできない。ダメなものはダメという毅然とした態度が必要だ。最近の子どもは怒られ慣れていないから、素直に自分の非を認めなくなっている。「もう二度とやりません。許してください」と言うくらい厳しい指導をする覚悟が必要だ。そんな考え方もありました（今もあるかもしれません）。

しかし、その指導をしたことで、その子どもが不登校になったり、自分を傷つける行動に走ったりしたら、それは不適切な指導と言われます。

そういう加害者を守るような言い方で、先生から「厳しく指導する力」を奪うから、子どもが悪くなる。今の社会や時代が問題だと言う先生もいます。

「厳しく指導をすれば子どもを正すことができる」という思い込みは根強いと感じます。「不適切な指導と言われる」からやめるのではなくて、「不適切な指導」だからやめて、別の方法に切り替えていくことが求められています。

②「いじめ」に向き合う面談

T Aさん、面談に来てくれて、ありがとう。Bさんから「いじめられた」という訴えがありました。Bさんから話を聞きました。Bさんの心身の状態から、これは「いじめ」の問題として扱います。

A いじめていません。

T 「いじめていない」と言うAさんの意見は受け取ります。しかし、Aさんがしたことで、Bさんが辛い苦しい思いをしています。こういう訴えがあったときは、いじめとして扱うことは前から伝えてあることです。いじめとして扱います。

A ……(うなずく)

T ただし、Aさんがいじめをした悪者だという扱いはしません。何があったのか事実を確認していきます。Aさんの事情や思いがあれば、それも聴きます。ここまではよいですか?

A はい。

T では、どこからでもいいので、Bさんとの間に何があったのか話してください。

このように「いじめ」と「いじめた人」を区別して話を聴きます。

Aさんは言い訳や正当化をするかもしれません。指摘して、指導したくなるかもしれませんが、それをすればAさんは心を閉ざします。正直に話してくれることを大切にします。Aさんが自分の思いを語り尽くして、空っぽにならなければ、事実を事実として認めて、自分のやったことを振り返ることは難しいでしょう。そして、それがなければ、反省をしたり、謝罪をしたりすることはできません。

話の中で、Aさん自身が抱えている生き辛さが見えてくるかもしれません。以前、BさんがAさんをいじめていた事実が語られるかもしれません。それを言い訳と否定することも、それに同情することもしません。

「そういう事情もあったんだ。話してくれてありがとう。Aさんがその問題に向き合う時間も取ろう。今は、このいじめの問題をどう解決するか一緒に考えよう」

「いじめ」そのものを客観視できる場をつくる段階が重要です。

毅然とした態度をとれと言われますが、それは「いじめをした君を許さない」「言い訳も正当化も許さない」ということではありません。

「この問題をいじめの問題として扱います」「あなたはいじめをしたという立場で、この問題に向き合ってください」というのが毅然とした態度です。

そのためには、**「『いじめられた』という訴えがあったときは、いじめとして扱います」という指導の原則を、保護者にも子どもにも事前に伝えておく**ことが大切です（もちろん、訴えがなくても、心身の苦痛を感じている子どもに気づいたときは「いじめ」として対応します）。

文部科学省が出しているいじめの定義も、年齢に応じてわかりやすく伝えておくことが大事です。


「いじめ」とは、「児童生徒に対して、当該児童生徒が在籍する学校に在籍している等当該児童生徒と一定の人的関係のある他の児童生徒が行う心理的又は物理的な影響を与える行為（インターネットを通じて行われるものも含む。）であって、当該行為の対象となった児童生徒が心身の苦痛を感じているもの。」とする。なお、起こった場所は学校の内外を問わない。（いじめ防止対策推進法の施行に伴う定義　平成25年9月28日）

13

生徒指導

「Bさんにからかわれて嫌です」という日記がありました。

Situation

Aさんと Bさんは一緒に遊ぶことが多いのですが、Aさんの日記に「Bさんにからかわれて嫌だ」と書いてありました。

指示する

「Bさんにいじめられているんだね」
「いじめ」として厳しく対応するからね。

指示しない

Aさんは自分の「いじめられている度」をどのくらいに感じている？

「いじめ」は定義に従って判断し対応しましょう

①「いじめ」と「人間関係のトラブル」を区別します

いじめはあってはならないことですし、もしいじめが起きてしまったら、毅然と適切に対応する必要があります。しかし、そうならないようにするための予防的な指導は、もっと大事です。

予防的な対応として、いじめを起こさせないために、人間関係のトラブルを全て排除する方法があります。冷やかし、からかい、悪ふざけ、仲違い、悪口、陰口、喧嘩、仲間はずし、無視など、全てを「いじめ」として扱う方法です。しかし、これは現実的ではありませんし、危険です。

人間は社会的な生き物です。人間は様々な人間関係のトラブルを通して、人との距離間をつかみ、許されることと許されないことを学びます。失敗と成功を通して、人間関係を修復する方法を学びます。

人間関係のトラブルが起きるたびに、「それはいじめだ。やめなさい」「それはいじめだ。謝りなさい」と指導することは人が育つチャンスをことごとくつぶすことにつながります。窮屈な集団にして、いじめを見えないところに追い込む可能性があります。**人間関係のトラブルを学びの場として活かす指導の積み重ね**が、いじめを予防します。

そんな曖昧な指導では、いじめには対応できない。そもそも、「いじめ」と「からかい、悪ふざけ」に境界はないという意見もあります。実際、いじめた子どもが「いじめてはいません。私たちは仲がいいから、ふざけて遊んでいただけです」と言うことがあります。

②人間関係のトラブルは子どもが乗り越える課題

しかし、いじめた子どもの言い分で「いじめ」の定義がぶれたり、境界が曖昧になったりすることがあってはいけません。定義に従って判断したものが「いじめ」であり、そうでないものは人間関係のトラブルとします。したがって、冷やかし、からかい、悪ふざけ、仲違い、悪口、陰口、喧嘩、仲間はずし、無視などが、いじめになることもあれば、ならないこともあるということです。

いじめである「冷やかし」はいじめとして対応します。いじめでない「冷やかし」は人間関係のトラブルであり、子どもが乗り越える課題として対応します。定義は、「いじめは、当該行為の対象となった児童生徒が心身の苦痛を感じているもの」です。

T Aさん、日記に「Bさんたちにからかわれて嫌だ」と書いてあったね。書いてくれてありがとう。どんなことがあったのか教えてくれる。

A 私たちは仲良し三人組です。でもBさんとCさんは何でも良くできて、仲が良くて、私はちょっと天然だから、からかわれることが多くなってきて……。

T そうなんだ。もう少し具体的に教えてくれる?

(事実やAさんの気持ち、Aさんから見たBさんたちの様子などを聴きます)

T そういうことがあったんだね。とても大切なことだから、確認するけど、自分が「いじめられている度」はどのくらい?

A ……10のうちの3か4です。……からかわれるのは嫌だけど、今はいじめまで行ってない感じです。今は、いい友だちになれたら……と思います。

T そうなんだ。正直にありがとう。どうやったらいい友だちになれるか一緒に考えていこうね。もし程度がひどくなっていくようなことがあったら、すぐ教えてね。

（できることを見つけ、やってみて、その結果を振り返りながら対応します）

Aさんが「今はいじめまで行ってない」と言ったから、「ああよかった。いじめではなかったんだ」と安心することではありません。「いじめられ度4」が低いか高いかは本人にしかわかりません。「からかい」は「深刻ないじめの入り口」です。

Aさんがそう言ったのは、Bさんとの関係が切れて一人ぼっちになりたくないという不安があったのかもしれません。Bさんとの力関係があって、それを恐れて言ったのかもしれません。「いじめ」として大きく扱われることを警戒したのかもしれません。そういう可能性も頭に置いて、「いい友だちになりたい」というAさんの言葉を尊重し、支援します。

人間関係のトラブルとして対応することで、AさんもBさんも学べることがたくさんあるでしょう。結果として、三人が仲良しになることもあるでしょうし、Aさんが一人になることを選ぶかもしれません。学校での仲良し三人組が一生一緒にいる可能性はきわめて低いのですから、仲良くさせるとか、仲直りさせることを目的にしないことが大事だと考えます。大事なのは、Aさんの自立を支援することです。

14

生徒指導

Aさんの言動に周りの友だちは困っています。

Situation

Aさんは人との関係づくりが苦手で、友だちが嫌がることをしてしまうことがあります。周りの子どもは嫌がっています。

指示する

Aさんには発達の特性があり、Aさんは直そうとしています。温かく見守ってやってください。

指示しない

みんなが気持ちよく過ごすために、相手にやって欲しいこと、自分ができることは何ですか。

学級の問題を「主体的・対話的に」解決できるのは子どもたち

①先生が解決することはとても難しいこと

Aさんは、友だちの気持ちを理解し共感することが苦手な子どもです。そのためか、自分ができていないことでも、友だちができなかったときには「○○さん、ダメだね」と指摘することがあります。友だちが冗談で言ったことを冗談として受け止めることが苦手で、キレたように怒ることもあります。

先生は、Aさんが発達特性を持っていることを知っているので、穏やかに対応するのですが、子どもたちはAさんとの接し方に困っています。関わりを持たないようにしている子どももいます。Aさんに傷つけられたと訴える子どももいます。

具体的な状況は異なっても、**「関係をうまく築けない子ども」**と**「その友だちとの接し方に戸惑っている子どもたち」という構図**を抱えている学級はあると思います。

そんなとき、まず考えるのは、Aさんの行動を変えることです。「相手の気持ちを考えて行動しなさい」「友だちが嫌がることはしてはいけません」と言い聞かせたり、トラブルが起きている場面に出会ったら「そういうことがダメです」と指摘したりします。しかし、それでAさんが改善できることは少ないでしょう。

周りの子どもたちに理解してもらいたくて「Aさんには発達の特性があってAさんも困っていて、直そうと頑張っています。温かく見守ってやってください」と伝えたくなることがあるかもしれません。気持ちはわかりますが、これは危険です。

Aさんの個人情報を勝手に伝えています。仮にAさんの許可をもらってあったとしても、先生の意図とは異なり「発達特性がある人は特別な人だから、周りの人は我慢しなさい」というメッセージを伝えてしまう可能性も出て来ます。Aさんを嫌がっている子どもからは「特性を持っている人は何をしてもいいのですか」「私たちが我慢しなきゃいけないのですか」という不満が出るでしょう。

先生の力で、Aさんの行動を変えようとすることも、周りの子どもたちの行動を変えようとすることも難しいことです。誠意を持って対応したいと頑張る先生ほど、板挟みになり、苦しむかもしれません。

②新４Ｋ型学級経営

できることは、**Ａさんが自分の課題として向き合えるように関わること、学級の子どもたちが自分たちの課題として向き合えるように関わること**です。

子どもたちが「考える・関わる・行動する・解決する」授業を「新４Ｋ型授業」としてお薦めしましたが、この場合は**「新４Ｋ型生徒指導」「新４Ｋ型学級経営」**です。

先生が指示や説得で関わることで、全ての子どもが納得する解決策を示すことはほぼ不可能です。しかし、子どもたちが対話を通して、主張したり、折り合いをつけたりして、子どもたち自身が納得解・最適解を導き出す可能性はあります。

対話を通して自分たちが抱えている問題に気づき、その問題を自分たちの課題と受け止めて、課題解決のために対話を重ねる力が、今子どもたちにも、大人にも求められている生きる力です。それを学ぶ場所が学級です。

子どもを信頼して、子どもに任せる場を設定することが先生のできることです。これは、学級の中に民主的な関係をつくりだすことです。

小学校低学年では全てを任せることは難しいでしょうが、対話のルールを身につけながら、少しずつ任せることができると考えています。

15

生徒指導

Aさんは、よく友だちを注意してくれます。

Situation

Aさんは、きちんと行動ができる子どもです。よく気がついて、うるさい友だちに注意をしてくれます。

指示する

Aさん、Bさんを注意してくれてありがとう。Bさん、友だちに注意されたら、ちゃんとやりましょうね。

指示しない

（何も言わない）

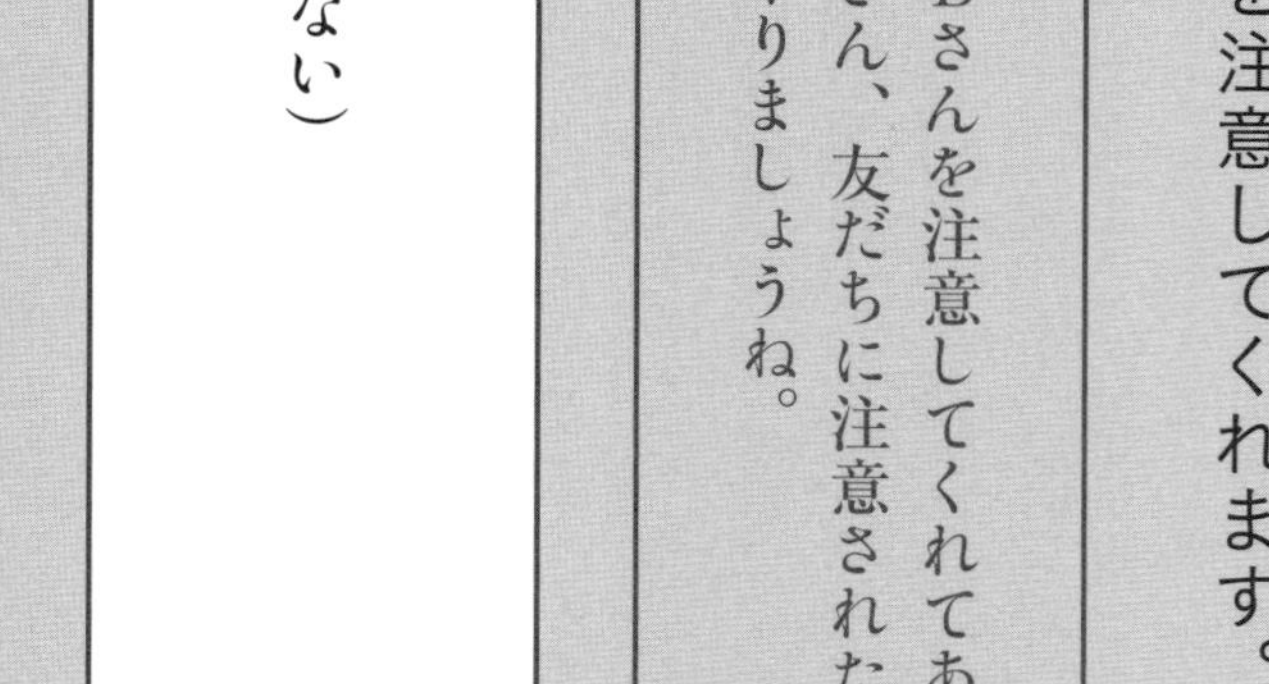

先生がモデルになって、寛容できる学級にしましょう

①豆先生にしないために

先生が注意をしたいときに先回りして注意をしてくれる子どもがいます。先生から見て気が利く子どもであり、学級のリーダーにしたくなるような子どもです。

授業中、おしゃべりをしている友だちに気がつくと、「○○ちゃん、静かにして」と注意をしてくれます。廊下へ整列したとき、すぐに並べない友だちがいると、「○○ちゃん、早くして」と言ってくれます。

自分のことは棚に上げて友だちを注意するタイプではありません。注意していることは「正しい」ことです。豆先生のような存在です。注意しなければならない立場に立たされて注意をしているのではなくて、自ら注意する役を務めてくれる子どもです。

このような子どもを、先生を助けてくれる存在と見るのではなく、どうしてこういう行動を取るのか観察して、その背景に何があるのか見立てる必要があります。

・いい学級にしたくて、自分ができることをやろうとしている子ども
・先生の意図を察知して行動することで、先生に認められたいと思っている子ども
・完璧でありたいと思うため、不正を許せない子ども
・正しくできない友だちを下に見ている子ども
・先生の言動を真似して、友だちをコントロールしようとしている子ども

いろいろな見立てができると思いますが、豆先生を務める子どもは先生の姿をモデルにしている可能性があります。先生がきちんと並ばせたいという思いが強く、指示・命令を出すことが多いと、素直で実行力がある子どもはそれを真似します。

先生が良かれと思ってやっていることが、「みんな違ってみんないい」ではなくて「みんな同じが一番いい」という同調圧力や監視社会、不寛容な文化をつくりだしている可能性もあります。

②違いを認めて許す文化をつくる

違いを認めるけれども、正しいことは正しい、間違っていることは間違っていると言え

る文化はどうやってつくるのか。それは、**先生がモデルになること**だと思います。

できていないことに寛容になるために、先生が自分の信じ込みに気づき、それを書き換えます。「廊下は静かに歩いた方がいいかもしれないけど、静かにすることが苦手な子どもがいるときは多少おしゃべりがあってもいい」と書き換えます。その方が、先生も子どもも楽です。

「みんなで並んで教室を移動するときは、廊下は静かに歩きましょう」という全体指導は行います。しかし、できていない子どもに対してその場で繰り返し指導することはしません。個別の支援は、質問と傾聴と承認を用いて後で行います。

そんなことでは、みんながおしゃべりするようになってしまうと心配する先生もいるでしょう。しかし、おしゃべりを我慢できない子どもは、注意・叱責で改善する子どもではありません。その子に固執するのではなく、できている八割、九割の子どもに注目して対応します。

もし、「廊下を歩くときは静かにさせなさい」という指導が、他の先生から入ったら、あとでその先生に、子どもの特性や注意・叱責の弊害などについて、自分の考えを伝えて対話しましょう。学校の寛容的な文化をつくりだすチャンスです。

16 Aさんは、嘘が多い子どもです。

生徒指導

Situation

廊下に展示してあった作品が壊されていました。「Aさんが触っていた」という友だちからの情報がありました。

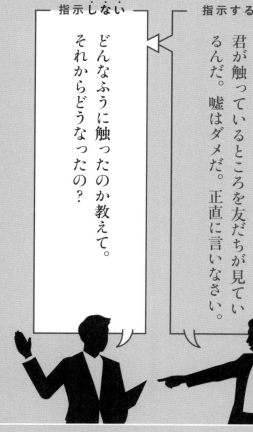

指示する

君が触っているところを友だちが見ているんだ。嘘はダメだ。正直に言いなさい。

指示しない

どんなふうに触ったのか教えて。それからどうなったの？

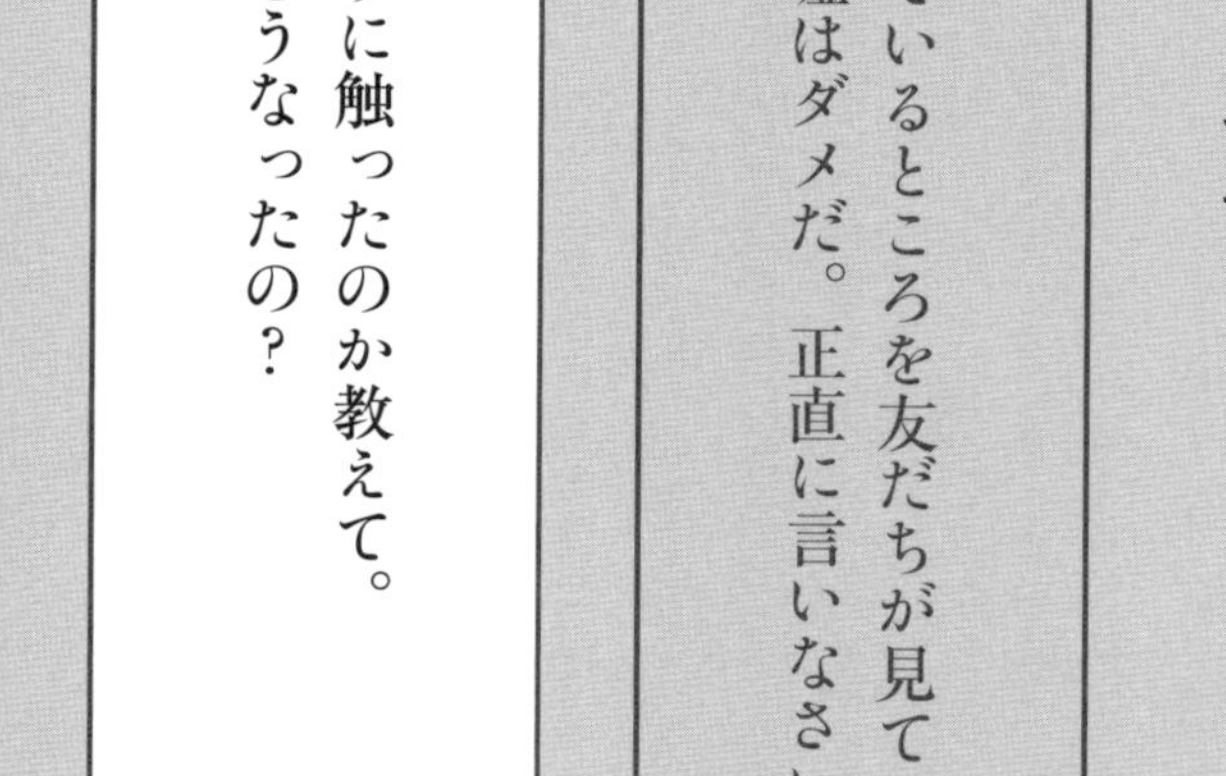

嘘をつく事情や背景を理解することから始めましょう

①嘘をついてしまった子どもへの対応

「嘘をついてしまった子ども」とは、嘘はいけないと理解はしているけれども、何らかの理由があって嘘をついてしまった子どものことです。

怒られたくない、責任を取らされたくないという思いでとっさに嘘をついてしまうことがあります。見栄を張りたいとか相手に勝ちたいという気持ちでついてしまう嘘もあります。こうしたときは、事情を聞いて受け止め、理解した上で、改めて嘘はいけないと気づけるような対応が大事になります。

どのような事情があろうとも、「嘘をつくことは許されない」と厳しく教えることが大事だとする考え方もあります。厳しく叱られたことで反省して「もう嘘はつかない」と心に誓う子どもはいると思いますが、そういう素直さを持った子どもは、事情を聞きながら一緒に考えるやり方でも理解できる子どもです。厳しい叱責を選択する積極的な理由はありません。厳しく叱責することの弊害は、**先生の意図とは反対に、嘘を認めない子どもや巧妙な嘘をつく子どもを育てる可能性がある**ことです。

この子どもは明らかに嘘をついているということがわかっていても、嘘をついてしまった事情を理解しようとする姿勢は子どもが自分を見つめて成長する機会を提供することになります。

②嘘をついているかどうかわからない子どもへの対応

嘘をついていることが明らかなときよりも、嘘をついているのか本当のことを言っているのかわからないときの方が多いと思います。状況から考えてみてこの子しかないだろうと思える場合や、友だちが情報をくれる場合があります。以前、嘘をついたことがある子どもの場合には、「たぶんまた、この子だろう」という憶測も生まれます。

このようなとき、嘘を見逃してしまうと繰り返す恐れがあると考えて、厳しく問い詰めがちです。「君しか考えられない。正直に言いなさい」「名前は言えないけど、君がやっているところを見ていた友だちがいる。正直に言えば怒らない」と迫って、「私です」と認めてくれることもあるでしょう。しかし、もしそれが嘘でなかったとしたら、子どもの心に大きな傷をつけることになります。人権に関わる問題に発展する可能性もあります。問い詰める、叱責するは、きわめて不適切な関わりです。

嘘をついている可能性、本当のことを言っている可能性、どちらもあるとして、**決めつけないで、質問をして、粘り強く事実を聴く**ことが大切です。その結果、もし嘘をつき通すことになっても、それを信じることが、先生にできることです。嘘を通して先生をだましてしまったことを胸にとめて生きていくことは、たぶん辛いことだと思います。そして、その経験の方が「もう同じような嘘をつくことはやめよう」という気持ちを育むと信じます。

③もっと複雑な嘘の背景

嘘をつこうと決めて嘘をついている子どももいるかもしれません。そのような子は、育つ過程で何を学んできたのでしょうか。嘘をつくことで得した経験や、楽しかった経験があったのかもしれません。反抗的な気持ちを持っているのかもしれません。そういう子どもに対して、より強い指導をすることは、状況を悪化させる可能性があります。

本当はいじめられているけれども、親を悲しませたくないために「いじめられていません」と言う嘘もあります。本人が「いじめられていません」と言っているのだから、それでいいということにはできません。状況からいじめられていると判断できる場合や、友だちからの情報がある場合があります。「正直に言え、本当はいじめられているだろう」と迫る指導により、勇気を出して話してくれる可能性もありますが、断固として否定する場合も考えられます。否定する本人の事情や背景には複雑なものがあるでしょう。自分のプライドを守るための嘘かもしれません。深刻ないじめを受けているのかもしれません。本当のことを話してもらえる関係になるためにも、**日頃から命令や叱責などで子どもをコントロールしようする姿勢を手放しておく**ことが大事になります。

虐待を受けている子どもの心理は複雑です。自作自演の嘘をつくこともあります。黒板に誰かの悪口が書かれていました。初めにそれを見つけたAさんは虐待を受けたことがある子どもですが、「大事件だ」と友だちや先生に報告に来ます。騒ぎになります。教室への出入りの状況からAさん以外には考えにくいのですが、もし先生が問い詰める指導をすれば、Aさんは先生を激しく攻撃するかもしれません。Aさんは自分がやったことを記憶から消しているかもしれません。難しい事例ですが、詰問、叱責が不適切であることは確かです。何もなかったことにしてしまうのも不適切です。

丁寧に質問してAさんなりの事実を聞くことはできるでしょう。発見したときの驚きの気持ちがあれば、それも受け止めます。その上で、「一緒に消してくれる？」と誘って、消したあと「すっきりしたね」とポジティブな感情を共有することもできます。

子どもはたわいもない嘘を言うこともあります。おしゃべりの中で「パパは高校生のとき、甲子園に出場しているんだ」と言ったとします。「そうなんだ。すごいね」と笑顔で受け取っておけばいいことです。

嘘には多種多様で複雑な事情や背景があると思います。不適切なのは「嘘はダメ、ダメなものはダメ」という対応です。できることは、**その子の事情や背景を理解しようとする姿勢と、一緒に嘘を乗り越えていく方法をさぐる対話**だと思います。

17

不適応・不登校

Aさんが、突然学校に行きたくないと言い出しました。

Situation

Aさんはリーダーとして頑張っていました。突然、学校へ行きたくないと休み始めました。原因がわかりません。

指示する

君は頑張り屋さんだ。
大丈夫、ちょっと休めばすぐ回復する。
待っているからね。

指示しない

家にいるという選択、尊重するよ。

不登校を選ぶ子どもの内面を理解しよう

①良い学級を目指すことが居づらさをつくる

Aさんは、それまで学校が嫌だと言ったことはありませんでした。児童会の役に推薦されたときも気持ちよく受けてくれました。テストでも大体高い点を取っています。どうして、突然学校へ来なくなったのか、理由がわかりません。保護者も、突然のことで混乱していました。

先生や保護者が理由を尋ねても、はっきりした答えが返ってきません。最近、こうした理由がよくわからない突然の不登校が増えているように感じます。

二〇二四年三月、文部科学省委託事業の不登校要因分析に関する調査研究（公益社団法人子どもの発達科学研究所）の結果が発表されました。そこではっきりしたことは、**先生が不登校の要因として捉えていることと、子どもが挙げていることに大きなズレがある**ということでした。

「教職員への反抗・反発」「教職員とのトラブル・叱責」が要因であると回答した子ども

の割合は、教員が回答した割合の八倍以上もありました。つまり、先生は叱責などしていないと思っていても、叱責されたと感じて不登校になっている子どもの割合はとても高いということです。先生は良い関係をつくっていると思っていても、子どもには不登校になるほどの嫌な気持ちがあったということになります。このズレは、先生が子どもに対して不適切な言動を取っていながら、そのことに気づいていないことを示しているのかもしれません。

教室へ入るのが嫌だという子どもや、不登校になりかけている子どもとの面談でも、先生が意図していることと子どもの受け取り方にズレを感じることがあります。

・教室では先生が行事のことを熱く話しているけど、うざい。疲れる。
・先生がおしゃべりをする友だちを厳しく叱っている。叱られる友だちも悪いとは思うけど、あの先生の声を聞いていると自分が苦しくなる。
・先生はみんなの前で誉めてくれるけど、やめて欲しい。私はそんなに立派じゃない。
・先生は私に特性があることを知っているはずなのに、何か失敗するたびに、君のことを思って言っているんだと怒る。イライラする。

超多忙な中で多様な多くの子どもたち一人ひとりに対して、適切に対応することを求められる先生の苦労を思うと、先生を責める気持ちにはなれません。しかし、先生にとっても子どもにとっても不幸な状態は改善する必要があります。

先生が、良い学級・良い子どもにするために、教え導く役割を果たしている限り、この問題はなかなか改善しないと思います。良い学級にするために、できている子どもを誉めて、できていない子どもを指導することを繰り返すことが、多様性を認めない、不寛容で不自由な集団をつくっています。

②学級の枠を広げる

できることは、**学級・学校の枠を広げること**です。枠とは、**学校の中にある価値観や行動規範**です。

・授業は、例外なく全員が席に着いていなければいけない。
・先生の話は、例外なく静かに聞いていなければならない。
・廊下は、例外なく静かに並んで歩かなければならない。

・行事へは、例外なく全員が団結して取り組まなければならない。
・友だち関係のトラブルは、例外なく問題行動として扱われなければならない。
・忘れ物は、例外なく注意されなければならない。

学校に暗黙のルールとしてあるこれらを緩めることが、枠を広げることです。ただし、枠を広げたことで、授業や行事や人間関係が崩壊していったら、集団的な学びは成立しません。

枠を広げるということは、枠を広げても成立する新しい授業や生徒指導・学級経営の型をつくりだすことを意味しています。それが、新４Ｋ型授業であり、新４Ｋ型学級経営です。子どもたちが主体的に「考える・関わる・行動する・解決する」授業や学級です。それは、「先生が先導する」を極力控えて、「支援する」を積極的に行うことです。

目的を「良い学級・学校を目指す」から、「考える・関わる・行動する・解決する」に変えることです。「良い学級を目指す」は単なる目標です。

不登校を選んだある子どもが、数年してようやく語ってくれたことです。

・学校は嫌ではなかった。でも、学校は怖かった。疲れた。
・ずっと親の期待、先生の期待に応えたくて、優等生でいた。
・友だちは明るく頑張る私を誉めてくれた。でもそれは本当の私ではなかった。
・私を妬むように見ている友だちもいた。友だちの目は怖かった。
・学校へ行かない自分は許せなかった。でも、身体は動かなかった。

当時は言語化できなかった思いをようやく言語化してくれましたが、全て言語化するまでにはまだ時間がかかるかもしれません。

先ほどの調査で、子どもがあげた不登校の要因として割合が高かったのは、**「不安・抑うつ」「居眠り、朝起きられない」「体調不良」**です。なんだかわからないけど、不安、夜眠れない、朝起きられない、だるいと子どもは言っています。そして、不登校も増えています。

原因は複雑で特定できませんが、学校ができることは、学校のあり方、先生のあり方を見直すことだろうと思います。

■学校へ来ることを前提にした対話

T　ずっと明るく楽しそうに見えていたから、正直驚いたけど、何があったの？

A　……特に何かあったということではありません。

T　何もなくて学校へ来ないというのは……何だろう。誰かにいじめられたとか？

A　いじめはありません。

T　そうか、いじめじゃないんだね。じゃあ、勉強で、部活で困ったことがあるとか。

A　そういうことじゃなくて、ただ、朝起きられなくて。

T　朝起きられない。夜は何をしているの？

A　勉強して、動画を見て……。

T　ああ、やっぱり、夜更かししているんだ。それじゃあ。朝辛いよなぁ。

A　……。

T　まあ、頑張り屋のAさんだから、少し休めば元気になるさ。二～三日は休んでいいよ。あんまり休むと出席日数に影響するからね。応援しているよ。大丈夫だよ。

■学校へ来ない選択を尊重する対話

T　ずっと明るく楽しそうに見えていたから、正直驚いたけど、何があったの？

A　……特に何かあったということではありません。

T　そうか、特に何かあったわけではないんだ。どんな気持ちがあったの？

A　気持ち？　……不安というか、嫌だなぁというか。

T　不安というか、嫌だなぁという気持ちか……、いつ頃からあったの？

A　……入学してから……ずっとかも。

T　そうなんだ。ずっとなんだ。気づいてやれなかったね。グラフにするとどんな感じになるの？

A　入学のときは3くらい、二学期で5点…三学期は7、今は8くらい。

T　今は8なんだ。正直にありがとう。今はどうしていたい？

A　とにかく、学校へは行けない……行かない。家にいたい。

T　家にいるという選択、尊重するよ。先生にして欲しいこと、して欲しくないことがあったら教えてね。

「できるだけ早く登校させたい」という思いで接しても、人は変えられません。できることは、子どものことを理解しようとすることと、子どもが持つ力を信じることです。

18

不適応・不登校

Aさんは保健室で過ごす時間が増えています。

Situation

担任の先生は、頻繁に保健室へ行くAさんは逃げている、保健室で甘やかされていると感じています。

指示する

保健室は、病人やけが人が行くところ。休憩場所じゃありません。

指示しない

Aさんが安心して過ごせる場所をどうやったらつくれるか一緒に考えよう。

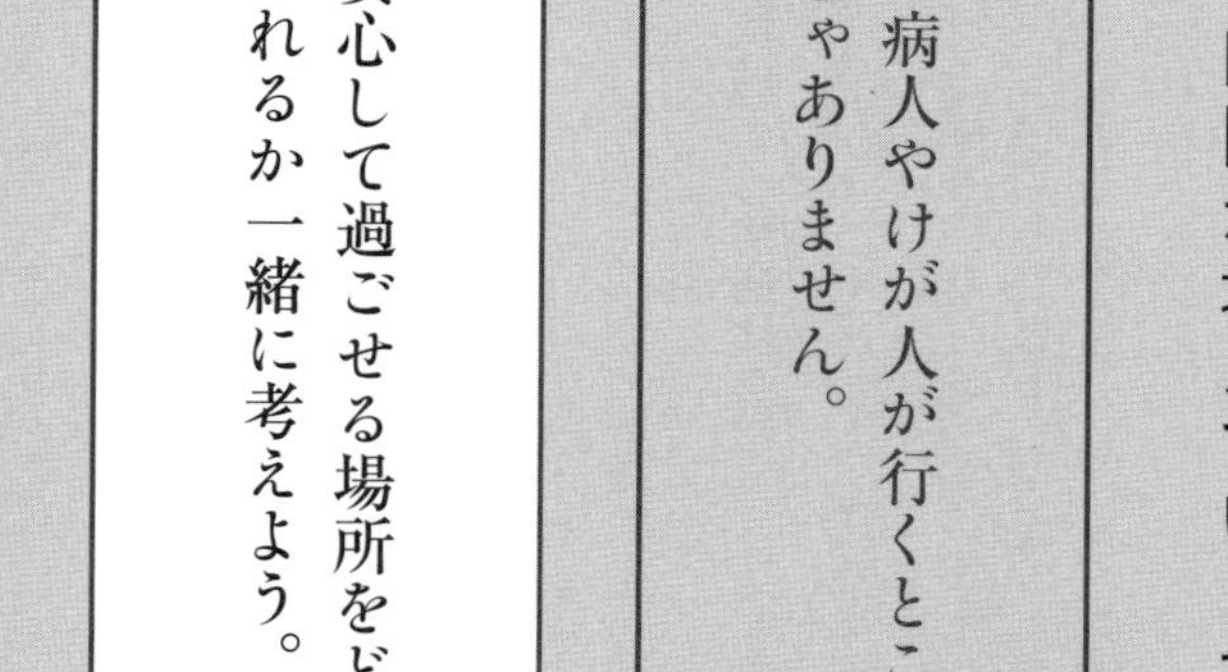

Aさんをどう見るのかという眼差しがポイント

①保健室の先生と担任の先生のズレ

教室にいることが辛くなった子どもが、保健室や相談室などへ顔を出すようになることがあります。何回か顔を出しているうちに、安心していられる場所だと感じると、頻繁に通うようになります。そんな保健室の先生から相談を受けたことがあります。

Aさんが保健室へ来るようになったのは、二ヶ月くらい前のことです。それまで来たことがない子どもでした。熱はありませんでした。ただ、「なんとなくだるい」と言っていました。これは心の状態に何かあるのかなぁと思ったので、話を聞いてあげたり、ちょっと疲れているときはベッドで休ませてやったりすることもありました。

一週間に一回だったのが、三日に一回となり、最近は二日に一回来て、二時間くらいなんとなく過ごしてから教室へ戻っています。

初めの頃は担任の先生も「疲れているようだからちょっと休ませてやってください」と

言っていたのですが、最近はAさんに対して「保健室は休憩室じゃない」「病人やけが人が行く場所」と言います。私には、「ちょっと甘やかされて逃げている感じがするので、できるだけ教室へ戻してください」と言います。保健室が逃げ場になっているとか、甘やかしているとか言われるのは辛いです。Aさんが少しずつ話してくれたのは、担任の先生がちょっと怖い、友だちの目が怖いなどです。

保健室は休憩に使う場所、毎日行く場所ではありません。なんとなく二時間も過ごしていい場所でもありません。それは正しいのですが、その正しさでAさんを保健室から遠ざけていいのか疑問が残ります。

②チームで対話して温かな眼差しを共有する

Aさんの安全・安心が確保された場所を用意することはとても大事なことですが、一番大事なことは、教室が安全・安心な場所になることです。安全は、否定されたり、攻撃されたりしないこと。安心は、ここにいて良かったという気持ちが持てることです。それを実現することは簡単なことではないのですが、教室にいられなくて保健室へ行くAさんを、

「逃げている、甘えている」ではなく「傷つく場所から離れて自分を守っている人、理解してくれる人を求めて行動している勇気のある人」と見ることはできます。**眼差しを変えることが対応を変える原点**です。

保健室の先生には、チーム対応をお薦めしました。管理職、生徒指導、学年主任、不登校対応職員、担任などでAさんを支援するチームです。校内に不登校対策委員会などはあるとは思いますが、Aさんに関わっている先生と管理職が集まるチームの方が、小回りが利きます。まず管理職に相談して会議を持つことを認めてもらい、生徒指導か学年主任が招集します。ねらいは、Aさんの状態とAさんへの眼差しを理解・共有することです。そして、学校の実情も踏まえて可能な範囲でAさんを支援する最適解を出します。保健室の先生が動きやすくなり、協働する職員集団をつくることができます。

保健室の一画に場所を確保する、図書館に個人スペースを確保する、使用頻度の少ない会議室で学年職員が対応する、校長室にいられるようにするなど、様々な工夫をしている学校はあるでしょう。先生たちの負担を大きくしないように配慮することも最適解の条件です。その上で、Aさん自身ができることを対話的に探っていくことが大事です。

19

不登校が続いているAさんの家庭訪問に行きます。

不適応・不登校

Situation

家庭訪問しても会えなかったAさんが会ってくれました。会話もできました。登校につなげられるかもしれません。

指示する

勉強、気になっているんだね。
ちょっと見てあげようか。

指示しない

勉強、気になっているんだね。
……「気になる」ってどういうこと？

子どもが正直に自分を見つめて語れる対話をします

Aさんの不登校は半年になります。定期的に家庭訪問をしていますが、初めの頃は会ってくれませんでした。最近、顔を見せてくれることがあります。もしかしたら、学校へ来られるようになるかもしれないと少し期待しながら家庭訪問をしました。

①先生がストーリーを描いて進める対話

T 今日も顔を見せてくれて、ありがとう。元気そうだね。

A そうでもないです。

T そうか。どんな生活を送っているの？

A ……ゲームやったり、動画を見たり……教科書眺めたり。

T すごい、勉強もやっているんだ。

A ええ、まあ、勉強、ちょっと気になるから……。

T 勉強、大事だよね。教科は何をやっているの？

A やっているって言っても、数学の教科書をちょっと見ただけです。

T 数学ね。教えてあげられるよ。教科書持ってきなよ。

A 今はいいです。

T そうか。わからないところあったら、次来たとき質問してくれたら嬉しいなぁ。

A ……。

会ってくれて、話ができて、勉強のことを話題にしてくれて、先生としては嬉しい気持ちになります。そして、もっと支援したい、できれば学校へ足が向くようにしたいという思いが湧いてきます。その思いがあると、先生にとって好ましい情報だけを選んで、先生がストーリーを描いた対話にしてしまうことがあります。この場合も、質問・承認・提案で、子どものやる気を引き出すコーチングのような対話になっていますが、これは先生が描いたストーリーに沿って誘導しているだけで、Aさんの思いとは、ずれています。

Aさんは「それほど元気ではない」と言っています。「教科書を見た」と言いましたが、先生の手前だからちょっと気を遣っただけかもしれませんし、「ゲーム・動画ばかりしていること」を責められたくないと予防線を張ったのかもしれません。

②ストーリーをつくらない対話

子どもの表情や雰囲気を感じ、言葉をそのまま受け取って、ストーリーをつくらずに聴くことを意識したら、違った対話ができます。

T 今日も顔を見せてくれて、ありがとう。
A はい。
T しばらく会えなかったけど、今日も出て来てくれたね。嬉しい。けど、何があったの?
A 何かあったわけじゃないけど……、せっかく来てくれたから悪いなって思って、勉強もちょっと気にはなっているし……。
T そうか、悪いなぁって思ってくれたんだ。ありがとう。勉強もちょっと気になっているんだ……「気になる」ってどんな感じなの?
A どんどん、置いて行かれちゃう。ますますわからなくなっちゃう。

T　そうか……、そう考えるとどんな気持ちになるの？
A　不安、というか、怖いというか……。
T　不安で、怖いか。どんなことをやっている？
A　ちょっと教科書を見てみるけど、やっぱり、わからない。だから、今はゲームばかりやってます。

T　そうなんだね、わからないから、ゲームばかりやるんだね。
A　うん。ゲームのときは忘れられる。
T　もし……先生が手伝えることがあるとすれば、どんなことがある？
A　……わからない。
T　ありがとう。何か思いついたら、教えてね。

この対話がベストな対話ということではありません。しかし、せっかく来て会えたのだから少しでも良い結論を出そうという意図を持たないで聴いている対話にはなっています。

「学校へ来ていないから学習が遅れるのは当たり前。それが嫌なら来ればいい」。そんな判断が湧いてきて、それが表情に出てしまうことがあるかもしれません。判断をしないで聴くことはなかなか難しいことですが、繊細な子どもはその表情から危険性を感じ取るかもしれません。そして、正直に語ることをやめてしまうかもしれません。

正しくないこと、弱いことも否定されないで受け取ってもらうから、自分の正直な思いを安心して言語化します。言語化は、モヤモヤを言葉として外に出して、眺めることにつながります。外に出すから、それをどう扱うかを自分で考えることができます。

20 保護者から指導について要望がありました。

保護者対応

Situation

「うちの子には傷つき易く慎重すぎる特性があるから、ちゃんと配慮してください」と保護者から言われます。

指示する

できるだけ配慮して指導しています。でも、いろいろな子どもがいて、一人だけには対応できないんです。

指示しない

多様な子どもが対話を通して成長していく学級にするために、力を貸してください。

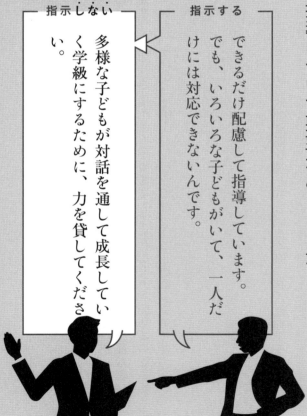

学級は社会の縮図です

①先生が全てを丸くおさめようとすることはすでに限界です

Ａさんの保護者から、「うちの子どもは、ＨＳＣの傾向があると医者から言われました。音にはとても敏感です。大きな声で騒ぐ子どもがいると、教室にいられないと言っています。またとても慎重なので、みんなが動き始めるのを見てから自分が動く傾向があります。行動が遅くなりますが、配慮してください」という連絡がありました。

担任の先生もその傾向があることは感じていたので、イヤーマフを許可したりしているのですが、配慮しきれない難しさがあることを正直に話してくれました。

私の学級には、Ａさんのような過敏で繊細な子どももいますが、Ｂさんのように多動で衝動的な子どももいます。授業中突然、大きな声で友だちに話しかけたり、席を離れて動きまわったりします。小さな声で注意するようにしてはいますが、それでは止まらないので、大きな声で注意することもあります。それは、ちゃんとやっている子どもを守るためにやっていることなので、仕方がないことです。言いたくはありませんが、Aさんも B さんも放っておいて、ちゃんとやってくれる子どもたちだけを相手に授業をやりたいと思うこともあります。

Aさんはみんなと一緒に動きません。いつも遅くて周りの子を待たせています。「早くしなさい」と言いますが、そんなに怒鳴ったりはしません。配慮はしています。

それなのに、保護者から手紙で苦情をもらいました。「先生のご苦労もわかりますが、配慮して欲しいとお願いしているのにどうして強く怒るのですか。先生が怖いと泣いています」と書いてありました。

私は中高とずっとスポーツをやってきて、理不尽なこともたくさん経験してきました。でも、自分で乗り越えてきました。それで強くなれたと思っています。過保護は子どもをダメにします。保護者にどう思われようと、Aさんには強くなって欲しい。これは私の愛情です。

多様な子どもがいる学級を担任している先生方の多くが、同じようなことを経験していると思います。

Aさんとその保護者、Bさんとその保護者、他の子どもたちとその保護者たちは、それぞれに異なる事情や願いを持っています。そして、先生も先生の事情と願いを持っています。

「みんな、仲良く、楽しいクラス」という目標はみんなが受け入れやすいのですが、現実的にはなかなか難しい目標です。この目標に向かって全体をまとめようとすると、はみ出す子どもを従わせる指導が起きやすくなります。先生が板挟みになって苦労するのは、この目標に向かおうとするからです。

目標を「みんな違って、みんな良いクラス」とすると、言葉としては共感できますが、具体的な方法が見えません。個の違いを認めていたら、バラバラになってしまい、「みんな良い」にはなりません。

多様性を認めることと、みんなで協働することを同時に実現することは難しいけれど、不可能ではないことを学ぶことが、学校の役割の一つだと思います。

子どもたちが大人になって生きていく社会そのものが、多様性に満ちています。その違いを認めながら、全体としての安全安心や安定、平和や成長をつくりだすことが求められます。子どものときにそれを体験的に学ぶ場が、学校であり学級です。

多様性を認めながら、学級の安全や成長をつくりだすためにできることは、子どもたちが対話をして、自分たちで納得できる答えを出して行動することを積み上げることです。先生の役割は、その活動を支援することです。

そのためにまずやることとは、**必要となる最低限の約束を示すこと**だと思います。

②対話で最適解をつくりだす学級を目指す

約束はできるだけわかりやすく守りやすいものがよいと思います。たとえばこんな約束はどうでしょうか。

・一人ひとり、考え方も気持ちも異なっていることを認め合いましょう。
・対話を通して、みんなが納得できるやり方を見つけましょう。
・対話をするときの三つの約束を守りましょう。

☑自分の考えや気持ちは自由に言うことができます。言わないこともできます。

☑相手の発言を、否定・批判・攻撃はしません。しっかり聴きます。

☑相手やみんなにして欲しいことと、自分がやることを考えます。
・みんなでやることを決めたら、できるだけ努力します。
・うまくできないことがあったら、また対話します。

先生は「みんなが仲の良い、楽しい学級」をつくるために頑張り、悩み、疲弊することはありません。ただ、子どもたちが対話する場を設定して、対話が進むように支援します。子どもが小さいうちは丁寧に行い、成長するとともに子どもたちに任せる質と量を増やしていきます。

先生に求められるのは、**対話の場を設定し、進行し、発言を引き出し、方向がズレたら戻し、約束が守られないときは、改めて約束を確認すること**です。

Aさんは「ゆっくりでもやるからちょっと待っていてください。待てないときは、遅れてついていきます」と言うかもしれません。

Bさんは「私が出歩いても気にしないでください。少し出歩いたら席に戻るように頑張ります」と言うかもしれません。

お互いを理解し合うとは、そういうことだと思います。そして、違いを許すことが、自分にとっても居心地のいい場になることを学んでいくと考えます。

③保護者の願いは、多様性が認められる社会になること

先ほどの保護者も自分の子どもだけを優遇しろと言っているわけではありません。大きな声で指導されたと言って泣いているので、それをやめて欲しいと願っているわけです。大きな声で指導する必要がなくなれば先生も楽ですし、子どもも保護者も安心していられます。

子どもたちが出す最適解や納得解は、正解でありません。というか、もともと正解はありません。集団を構成しているメンバーやそのときの事情や状況によって、出てくる最適解は異なります。そのことがとても重要です。

文化、伝統、歴史、宗教など、価値観が異なる人たちにとって、安全安心、安定、成長、平和な世界をつくりだすための唯一の正解はありません。専制的なリーダーが現れても実現はしません。分断と争いを回避するためには、対話で最適解をつくりだすことを粘り強く進めることです。

学級の中の対話的な学びはその練習をリアルにやっていると捉えることができます。

保護者は、特性を持った我が子が社会で生きていけるか不安を持っています。対話を通してお互いを理解し認め合う学級や社会をつくることを支持して、協力者になってくれるはずです。

あとがき

この本をお読みいただき、ありがとうございます。

読んでおわかりいただけたと思いますが、この本は、「指示をやめましょう」という本ではありません。指示をしたくなる自分を手放して、楽になることを提案する本です。

指示は、本文でも触れていますが、大きく分けると二つあります。

一つは、「相手に何かをすることを伝える」指示です。たとえば、「それでは授業を始めます。教科書の15ページを開きなさい」は、ただ穏やかにやって欲しいことを伝えるだけの指示です。こうした指示はきっかけをつくったり、行動を促したりする指示ですから、人間関係に問題が生じることはほとんどありません。

もう一つは、「命令の働き」を持っている指示です。「グズグズしてないで、さっさと、教科書の15ページを開きなさい」は、イライラした気持ちで言う命令のような指示です。それでも開かなかったときは、「開け」と命令になります。

先生は、必要なことや正しいことをやらせるために、命令をします。そうすれば、子どもをコントロールできると信じているからです。先生は別のやり方を選択することもできるはずなのに、強い指示や命令を使います。

子どもは強い指示をされて、それに従うことでコントロールされることを学びます。同時に人をコントロールする方法を学びます。やがて自分が大人になったとき、指示や命令で人をコントロールするようになります。

このように、「人は相手をコントロールできると信じ込んでいる」「そして実際にはコントロールできない関係に陥って、その関係で悩む」ということを、ウィリアム・グラッサー博士の『選択理論』という本で学びました。グラッサー博士は「外的コントロール心理学」と「内的コントロール心理学」について、教えてくれました。

『選択理論』を読んだのは、私がコーチングを学び始めた頃です。

指示・命令ではなく、子どもを信じて傾聴と承認と質問で関わることが、子どもの主体性や自立を引き出すというコーチングの考え方とつながっていきました。

この本は、「指示・命令」をこう言い換えたら、「子どもをコントロールできます」という本ではありません。「子どもはコントロールできない存在である」ことを前提に、子どもとどういうコミュニケーションをとるのかを一緒に考える本です。

そして、そのコミュニケーションが、「主体的・対話的で深い学び」「個別最適な学びと協働的な学び」を実現するために役に立つことを提案している本です。

今回、この本を書きながら、自分が教員時代にどれほど、子どもを良く育ててやろうと、あの手この手でコントロールしてきたかを振り返りました。

文中であげた様々な事例は、教員としてスクールカウンセラーとして見聞きしてきたことを組み合わせたり創作したりして、特定の誰かの事例とはわからないように書いたものです。しかし、書きながらこれは私自身が言ったりやったりしたことだと重ね合わせながら書いたところもたくさんあります。

小学校低学年を担当している先生は、低学年児童に読み替えて、中学三年生を担当している先生は、思春期真っただ中にいる生徒をイメージして、読んでいただけたら幸いです。

本書の刊行に際して、明治図書出版株式会社および編集担当者の大江文武さんには、私の中に雑然とあるものを角度づけて引き出していただきました。感謝しております。本当にありがとうございました

私は今でも、人をコントロールしたくなります。しかし、コントロールを手放した方が、はるかに楽に楽しく生きられることも学んでいます。

これからもみなさんと一緒に前進したいと考えています。

２０２４年８月

内藤　睦夫

【著者紹介】

内藤　睦夫（ないとう　むつお）

1958年長野県生まれ。信州大学教育学部卒業。長野県公立小中学校に38年間勤務し，現在は長野県スクールカウンセラーとして勤務。

（一社）日本教育メソッド研究機構（JEMRO）理事，「教と育」研究所代表，公認心理師，キャリアコンサルタント，NPO 日本教育カウンセラー協会認定上級教育カウンセラー，（一社）日本スクールカウンセリング推進協議会認定ガイダンスカウンセラー＆スーパーバイザー，（一社）日本教育メソッド研究機構認定教育コミュニケーション Executive Grade-S，コーチングやアクティブラーニングに関わる講演会・研修会講師。

「指示」をやめれば、先生はうまくいく

2024年10月初版第１刷刊　©著　者　内　藤　睦　夫
2025年２月初版第２刷刊　　発行者　藤　原　光　政
発行所　明治図書出版株式会社
http://www.meijitosho.co.jp
（企画）大江文武（校正）奥野仁美
〒114-0023　東京都北区滝野川7-46-1
振替00160-5-151318　電話03(5907)6701
ご注文窓口　電話03(5907)6668

＊検印省略　　組版所　株式会社木元省美堂

Printed in Japan　ISBN978-4-18-252528-5